仕事がうまくいく人は人と会う前に何を考えているのか

結果につながる心理スキル

日本マインドワーク協会 代表理事
濱田恭子

青春出版社

プロローグ

なぜ今、ビジネスに「心理スキル」が求められるのか

次の世代へ。そしてこの激動の時代で頑張っているあなたへ。

今、あなたたちは驚くべき変化の真っただ中に立っています。


ＡＩ（人工知能）が私たちの生活のあらゆる側面に入り込み、日々のタスクや複雑なロジックを処理する時代が来ました。

計算や分析、さらには意思決定までも、これまで人間が行っていた多くの作業がＡＩによって自動化されつつあります。

しかし、こんな時代だからこそ、人間としての本質的なスキルがより一層重要になります。


感情のやりとりや共感力、そして人と人との交流は、ＡＩがどんなに進化し、真似《まね》できたとしても、本当の人間同士の関係構築はできないものです。

現代は仕事人間であるだけではいられない時代になりました。男女ともにプライベートでも役目を担っています。

「仕事も家庭もプライベートもバランスをとって生きる」、そんな在り方が問われる時代となりました。

だからこそ、これまでとは違う、新しい心理スキルを身につけることで、軽やかにこの時代を乗り切っていってもらいたいと思っています。

AIに負けない人材になるための能力とは

ご挨拶が遅くなりましたが、日本マインドワーク協会代表の濱田恭子《はまだきょうこ》と申します。

私は普段、多くの企業研修を担当させていただいています。そこでは最近、「どうしたらChatGPTに勝てますか」「ＡＩに負けない人材は?」などと聞かれることがよくあります。

そこでお伝えするのは、もうロジカルシンキングだけで勝てる時代は終わった、ということです。

大切なのは、データ分析をする力ではなく、「相手が伝えたいことを読み取る力」「相手の真意やニーズを推し量《はか》り引き出す力」です。

結局、仕事は「人」と「人」の関係で決まる。

これは、決してＡＩにはできないことです。
まずは企業研修などで必ずお伝えしている、私の原体験となった具体的なエピソードをご紹介しましょう。

私は大学生のとき、教材会社のコールセンターで、教材の勉強を教えるアルバイトを４年間していました。

コールセンターには、子どものために教材を購入した保護者からの電話がよくかかってきます。クレームの電話はもちろん、そこから教材をキャンセルされる場合もあります。

自慢ではありませんが、

「恭子ちゃん（私の名前）が電話を取ると、クレームにならない」

と、私はアルバイトの中でちょっとした有名人でした。

たとえば、こんなことがありました。関西弁の父親からのクレームの電話です。

「姉ちゃん、あんたんとこの教材、キャンセルするわ。もうやってられへんわ。成績が上がるって営業の人間が言ったやろ。それなのに息子のこの成績、どういうことやねん！」

文字にするとやや穏やかに聞こえますが（笑）、実際はドスのきいた迫力のある声の電話です。

普通のアルバイトの学生なら、「申し訳ございません」と言って、教材のキャンセルに応じるでしょう。でも、私は大学で心理や傾聴《けいちょう》を学んでいたこともあり、ほかのアルバイトの方とちょっと対応が違っていたようなのです。

まずは、「そうなんですか」と、「それは大変でしたね」と共感をしながら気持ちを受け止めます。

「何点だったんですか」と聞くと「数学なんて○点やぞ！」と。たしかに、せっかく高いお金を出して教材を買ったのに、成績が上がらなかったなんて、それはショックでしょう。そういった気持ちを込めて対応します。

「息子さん、教材を開いたんですか」と尋ねると、まったく開いてないと言います。

「あの、それでしたら、ちょっと私から息子さんに言ってみましょうか」と提案すると、「姉ちゃん、言ってくれるの？」という話になり、電話を息子さんに代わっていただきました。

ここからが本番です。渋々電話口に出てきた息子さんに、「お父さん、怒ってるよ」

と私。

「やばい」と息子さん（笑）。

そこで、「どこがわからないか一緒に見てあげるから、1冊目の教材持ってきて」と提案して、一緒にわからないところを読み合わせしながら、丁寧に説明しつつ、やりきれないところは宿題にしました。そして、来週の私の出勤日にまた電話して、宿題を見てあげることにしたのです。

すると、どうなったかというと、そのお父さんから最終的に感謝されたのです。しかもキャンセルされるどころか、その教材の一番のファンになってくださったのです。

そのようなことが続いて、社内で話題になり、アルバイトの学生の身であるにもかかわらず、中途採用の営業の方たちに「どうやったらクレームを回避できるか、キャンセルを止められるか」という研修をやらせていただくことになりました。

クレーム客の怒りの奥に隠れた感情は？

繰り返しになりますが、この話は、私の自慢話ではありません（笑）。

実は、**こころの仕組みを理解し、心理スキルを使うことで誰でもできるようになるのです。**

今回のケースでいえば、怒りの電話がかかってきたら、普通は100%教材をキャンセルすると思うでしょう。でも、私は最初からクレームだと思っていませんでした。まず、怒りの電話のその奥に、「この人は、本当は何を言おうとしているのかな」と想像します。つまり、**表面上の言葉や態度ではなく、その奥にある本当の気持ちを想像するのです。**

このクレームの父親は、私たちに怒りをぶつけたかったわけではありません。息子の成績を上げたかったのです。教材にお金を払ったのも息子のため。それなのに「誰も寄り添ってくれない！」という気持ちが隠れていたのです。

クレームを言いたかったのは確かなのですが、本当はキャンセルをしたいわけではなかったということです。

「息子をちゃんと見てくれる」「この教材をやれば大丈夫」という安心感が得られれば、本当は喜んでお金を払う気でいたわけです。

私が行ったのは、この父親の本当の困り事に寄り添い、一緒に解決しようとしただけ。

多くのクレーマーは、基本的に不安を抱えているものです。このケースでも、父親は息子の成績に対して不安を持っていたはず。

「息子の成績を上げたい」という父親の心の声を聞き取ることができたら、クレームはなくなりますし、実際にキャンセルにもなりません。
口に出さずとも、相手の不安や悩みに共感できる力。
これこそ、これからますます求められる力であり、私たち人間にしかできないこと。
決してＡＩにはできません。

もうChatGPTなどのＡＩと張り合うのはやめましょう。かえって人間らしい共感力が落ちてしまいます。

ロジックを組み立てる力、疲れずにタスクをやり続ける力では、人間はＡＩに必ず負けます。ぜひ、ＡＩを上手に工夫して使う側の人間になりましょう。

たとえば、受付にＡＩが座っていてもいいのです。タスクをこなすのはお手のものでしょう。では、なぜわざわざ人間の受付が必要かと聞かれれば、対応力を求められているからではないでしょうか。

お客様が「本当は何を言いたいのか」を考えられる人。人の心、状況を読み取る力がある人にこそ、ChatGPTにはない価値があるのではないでしょうか。

本人（相手）も気づいていない、奥に隠れた感情＝本当の気持ちに気づいて、それをただ指摘するのではなく、先回りしてそれに対応できる人、寄り添う力のある人、相手の反応を想像できる人。

つまり、感情、心理の仕組みがわかる人が、これからの時代は必要とされます。そう、この本でこれから紹介する〝心理スキル〟を持っている人が、自分の望む結果を手に入れ、生き残ることができるのです。

「自己理解」の前に「他人を理解」することから始める

今、ビジネスの世界でよく話題になっている言葉に、「メタ認知」というものがあります。

メタ認知とは、自分が認知していることを認知すること。ひと言でいえば、自分を客観視することです。

自分を高く、広い視点から見ることで、自分自身を多面的に捉え、自分自身をコントロールしたり、冷静に判断・行動できたりするようになります。メタ認知能力は、ビジネスにおいても大切な能力です。

でも、メタ認知能力を身につけるのはそう簡単ではありません。かなり訓練して意識して自分を客観視する練習をする必要があるからです。

だからこそ、まずは「他人を理解することからスタートしましょう」とお伝えしています。

先ほどの話で、クレームを言ってきた父親の本当の気持ちを理解したように、まずは職場や家庭といった身近な世界で、他人の本当の気持ちを深掘りするクセをつけてみてください。まずは自分よりも他人のほうが客観視しやすいからです。

他者を理解する練習をすると、最終的に自分を理解できるようになります。

人を観察する視点を持ち始め、人の気持ちがわかるようになったら、今度は「じゃあ、自分はどうだろう？」と、自分に視点を向けることがとても大切です。

たとえば会社の不満を言っている人がいたら、「この人は、本当は何を求めているのだろうか」というように、その人の奥にある感情を理解し、観察してみる。

自分を認めてほしい、なのか、本当は会社にたくさんの希望を抱いているのでよけいに残念に感じている、など、それぞれ違うかもしれません。

そして視点を今度は自分に向けてみると、「私はどうだろう」と、一周回って自分の理解につながったりもします。

実は、最終的に「自分のことがわかる」というのがゴールなのです。

これができるようになると、会社を辞める必要がなくなることさえあります。

たとえば「こんな会社、辞めてやる〜!!」とストレスが限界になっていたとしても、「なんか私、疲れてるよね」とか、「本当に会社が嫌なわけじゃなくて、認めてほしいだけなのかも」とか、「だったら今、結論出しちゃダメだよね」「一回、ちゃんと寝たほうがいいよね」などと自問自答でき、冷静に判断できるようになるのです。

自分の「隠れた感情＝本当の気持ち」に気がつくと、自分のしんどさの真の意味がわかるようになります。まずはそこを理解し、さらにメンタルスキルを身につけることで早くストレスに対応できるようになります。

落ち込んだり、いっぱいいっぱいになってしまったときがあったとしても、すぐに気がつき、意識や視点を変えることもできるようになります。

そんなメンタルスキルを身につけたあなたなら、ＡＩ時代にもしなやかに生き抜いていけるでしょう。

濱田恭子

目次

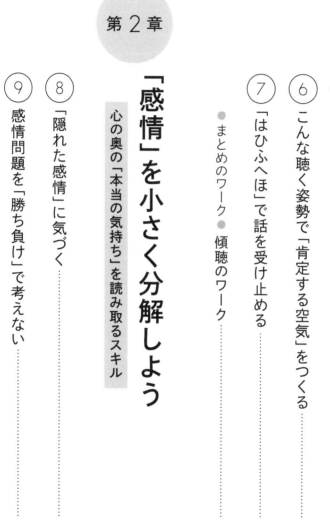

第２章

「感情」を小さく分解しよう

心の奥の「本当の気持ち」を読み取るスキル

第3章

〝伝え方〟ひとつで結果が大きく変わる

自分の考えや気持ちを上手に「伝える」スキル

第4章

小さなことから始める前向きな「マインド」のつくり方

人と関わる中で「ポジティブ思考」になるスキル

カバー・本文イラスト……川村易
本文図版・デザイン……岡崎理恵
編集協力……樋口由夏
企画協力……DreamMaker

第1章

まずは「話す」のをやめる

話さない・口に出さないことを「聴く」スキル

あなたはうまく話さなければと思っていませんか?

実は人とうまくいくためのコミュニケーションで最初にできることは、「話す」のをやめること。人と会うときにうまくしゃべろう、気の利いたことを言おう、相手のためになることは何だろう……と思うから、よけいに力が入って難しいと感じてしまうのです。人間関係が楽にうまくいく一番簡単な方法は、無理に「話す」のをやめることなのです。

Mental Skill

1

即レスはやめなさい

最初にお伝えするスキルは、即レスをやめること。

「えっ？」と驚かれる人も多いでしょう。むしろ、ビジネススキルとして最初に教えられるのが、クイックレスポンスかもしれません。ここでは、その真逆のことをお伝えしています。

即レスをやめるとは、どういうことでしょうか？

「クイックレスポンスをやめる（無視をしたり返答しない）」と言っているわけではないんです。

ビジネスにおいて、早くレスポンスをすることは重要とされています。「早い返答」はたしかに大事です。「イエス／ノー」など、用件にすぐ返答できることに関しては、この限りではありません。

つまり、ここでの即レスをやめるとは、すぐに返答してしまうことの中に、私たちのクセや物事の捉え方の思い込みが隠れていることがあるので注意が必要だということ。しかしながら、それを考えずにそのまま打ち返してしまうことで、問題に気づかないことがあるのです。

即レスのワナ――それって思い込みかも!?

私たちはすぐに返事をしようという習慣があります。

既読がついているのに早く返事をしないと無視をしているように思われる、そんなふうに思っていませんか?

しかしながらこれって結構トラブルのもとなんです。

私がコンサルに入った、ある会社での話です。

社長とチームがあまりうまくいっておらず、いつも会議では空気が凍る。そんな会社でした。

その会社のチームリーダーは、ミーティングが始まると誰かが改善案を出すたびにそれは無理です、とか、それは難しいと思います、という発言をして案を即座に却下してしまいます。

これって、なぜでしょうか？

このあと、そのチームリーダーは仕事を辞めたいと言いだし、ゆっくりお話を聞いてみると、実は前職でたくさんの仕事を抱えて振り回されるという経験をしてきたそうです。

何かの新しい案が出るたびに、このままだと大変なことになる。これ以上振り回されたくない。いったん断っておかないと、これまで立てたスケジュールがめちゃくちゃになりそう、など、「振り回されることになるかもしれない」と危険を察知して防御してしまう、というクセがあるということに気づきました。

つまり、「無理です」と言って押し返しておかないと、不安になってしまうということを話してくれました。

過去に強引な人の言うことを聞いて振り回された経験が、「無理です」という即答につながっていたのですね。

そこで「誰もあなたに無理をさせようとしていないよね」とか、「押し付けていないよね」ということを理解してもらうことができ、彼女も話せてスッキリしたのか、辞めるということを撤回することになりました。

即レスする前に、○○だな、と自分の感情に気づくことができたら、大きくトラブルは減ります。

自分の感情、つまり「自分の物事の捉え方」。これを認知というのですが、この認知していることを大きく俯瞰《ふかん》して観る（これをメタ認知といいます）。このクセをつけることで物事が起きたときに脊髄反射のように反応を起こしてしまうことを防ぐことができます。

彼女の場合も、自分のいつもの即レスのパターンや自分のどんな感情が、その即レスの背後にあるのかに少しでも気づくことが一番大切です。

そうすることで、人間関係が苦しくなることが減るかもしれません。

▼即答をやめると、丁寧な人間関係ができる

Mental Skill 2

「相手の気持ち」を10秒考えるクセをつける

心理スキルの2番目は、相手の気持ち、状況を10秒考えるクセをつけること。1番目の「即レスをやめる」こととセットで実践してほしいスキルです。

これは、とくにオンラインでのやりとりにおいて効果的なスキルです。今、職場ではメールだけでなく、さまざまなビジネスチャットツールが盛んに使われています。

チャットツールの登場によって即レスする習慣がさらに身についてしまい、1回読み返す、相手の状況を想像するということが少なくなった印象を受けます。

表面だけサラッと読んで返信してしまう人も多いため、送ったほうは「そんなことを聞いているんじゃないんだけどな」「こっちの質問に答えてないいんだけど……」というズレを感じることがよくあると聞きます。

これが実はトラブルのもとだったりするんです。

また、言った、言わない、というトラブルもそうです。表面上の言葉に振り回されてしまうので、そのまま返してしまうと、文字からはニュアンスが伝わりません。
そこで相手の気持ちや状況を10秒だけ考えてほしいとお伝えしています。
返信を送る前にほんの少しだけ読み返して、どんなふうに、どんな状況でこれを送ってきてくれているのだろうかと、一瞬考える時間を取るだけでトラブルは半減します。

実はこれは対面でも電話でも同じです。

たかが10秒、されど10秒。10秒の余白余裕をつくりましょう。

自分は仕事ができると思っている人ほど、レスポンスが早く、仕事のスピードも速いのは確かです。

しかしながら、そのような人と仕事をしていると、正直、周囲がつらくなってしまうこともありますよね。

なぜなら、その余白がないから。その人のスピードについていくのがだんだん難しくなり、時に感覚のズレが起きて突然、周囲が辞めてしまう。そんな経験はないでしょうか？

まず、このたった10秒を取ることによって、「なんだか急《せ》かされているような気持ち」とか、「振り回されているような感覚」、言い方によっては、「圧が強いと感じ、傷ついてしまう」というそんな相手の思いにも気づくことができます。

10秒の余白によって、あなたのペース、そして相手のペースも少し想像しながら合わせていく。これがとても大切な人間関係のスキルになります。

●言葉の裏に隠された思いをくみとる

もちろん、タスクをためないためにも即レスが必要なときはあります。一方で多少の時間をかけても考えなければならない返信もあります。この2つを見極めることが大切です。

スピード重視で行うだけでは、どこかで人間関係につまずきます。

これは対面の場合でも同じことが言えます。この余白は相手にとっても自分にとっても、とても大切なものです。

言葉の裏には必ず「思い（想い）」があって、その人が表面で言葉にしたことの裏には本当に言いたいことが隠れています。

その人が表面で言っていることと、本当に言いたいことにズレがないか、10秒だけ考えてみてほしいのです。

たとえば、オンライン上のやりとりなら文章でしかないので、今返信している内容は、相手が言葉にしている表面上の内容に対する返事だけではなく、本当に伝えたいことをちゃんと把握しているだろうかと考えてみるクセが大切なのです。

そうすると、たとえば何かしっくりこないなというときに、「もしかしたら言いたいことと違うかもしれない、この返事で大丈夫だろうか」とか、「私の捉え方は合っているだろうか」と考える10秒の余白のおかげで、

「今おっしゃっていることは、こういう意味で間違いありませんか」

というひと言を付け加えられるようになります。

このひと言が意味するところは、

「私はちゃんとあなたの言いたいことをつかんでいますか」

という確認なのですね。これができると人間関係のトラブルは格段に減ります。

今はスピード重視で、一般的には、よけいなひと言は言わないという美徳もありますが、ここでは違います。自分の今の状況を伝えたり、相手の状況や気持ちをくみとろうとする「よけいなひと言」をあえて加えるのです。

メッセージの最後に、

「わかりにくかったら、お尋ねください」

とひと言付け加えると、なんだか相手も言いやすくなったりします。

また外で返信を急いでしなければならないときは、「今、出先にいるので意味が通じにくい返事になるかもしれませんが、とりあえず返信させていただきます。わかりにくかったら、もう一度お尋ねください」と入れてレスポンスをすることにより、誤解を生じるのを防ぐことができます。

また、対面やオンラインでの打ち合わせでも、ビジネスのみの話だと相手が今どんな状況かわからず把握できない場合がありますよね。そこで**10秒だけ余白をつくることによって相手の状況を少し聞いてみる。これが人間関係のクッションになったりします。**

即レスで完璧な返答をし、連絡だけは滞りなく送っていても、それだけで終わらせてしまうと、想像力が落ちている現代人は互いに言わないことをためすぎ、（相手のことがわからず）ストレスをためてしまうことがあるわけです。

私も対面で話すときには、相手から言葉が出るのを意識して待つようにしています。

でも、たいていの人は沈黙が怖くて、何か話して無理に沈黙を埋めようとしてしまいます。

そんなときの会話は表面的で、お互いにとても疲れてしまいます。ここで相手の状況や話を聞こうと思える余裕があると、知らなかった近況報告を聞くことで状況がわかり、お互いの共通点が見つかって距離が少し縮んだりすることがあります。

これはＡＩにはできないことですよね。


また、イラッときてしまうときも、10秒待ってみてください。

たとえば、嫌な感じのメールを受け取ってカチンときたり、「ん？」と違和感を持ったりすることもあるでしょう。「このメール、何が言いたいの？」と、モヤモヤすることも。

でも、それに対して、こちらもモヤっとしたまま感じの悪い返信をしてしまう前に10秒だけ考えてみましょう。

「この人は本当に嫌なことを私に言いたかったのか」、それとも「言い回しが下手なだけなのか」

その言葉の裏には想像もしないものが隠れているかもしれないと、いったん考えてみるのです。

「忙しかったのかな」とか、「もしかしたら、とてもお困りなのかな」と10秒置いて考えるだけで、無駄に怒る必要もなくなり、その後は人間関係がトラブルになることもなく円滑に進んだりします。

これは自分のためでもあります。ちょっと相手の気持ちを想像してみる。この余白を持つだけで腹が立たなくなり、自分自身も気分よく過ごせるのです。

▼会話に「10秒の余白」をつくるだけで問題が大きくならない

Mental Skill 3

「はい。わかりました」と指示を丸のみしない

ここは実例で説明します。

いわゆるZ世代から「会社を辞めたい」というご相談をよく受けます。

Aさんもそうでした。上司に次から次へと仕事を振られ、いろいろな指示が飛んできて、そのたびに「はい。わかりました」と受け続けていました。

「なんで辞めたいの？」と聞くと、「上司が私の持っている仕事量がわかっていないんです。頑張って言われた仕事をやって、8割くらい終わったところで次の指示が飛んできます。しかも、8割やった仕事の内容を覆されることも、たびたびあって……。もう疲れました」と言います。

たしかにそれは大変でしょう。Aさんは、上司からの指示には「はい。わかりました」と引き受けるように教育されてきました。だから「できません」とは言えないのです。

そこで、次に上司から仕事の指示が来たときに、上司に優先順位を聞くことを提案

しました。

「今、1と2と3の仕事をしているのですが、どれを先にしたらいいですか？」

「今おっしゃった仕事を優先したほうがいいですか」

というように、確認する勇気を持とうよ、と。

それを聞いた上司は、「そんなに仕事を抱えていたのか」とびっくりです。「そんなにやってくれてたんだ、ごめんね」という言葉が出てきたときには、Aさんのほうが驚いたそうです。

それ以来、上司の仕事の指示は変わりました。「じゃあ、この仕事は急がなくていいよ」とか、「これは一番に優先してやって」など、わかりやすい指示が来るようになり、途中まで進めた仕事を覆されることもなくなりました。

優先順位を確認しただけで、角を立てずに上司を変えることができたのです。

●●●

さてこのケースを見てあなたはどう思われましたか。「ひどい上司だ」と思ったでしょうか。

たしかに頼んだ分量を忘れてしまうというのは、そういった面もあるかもしれませんが（笑）、即「わかりました」と言うだけではなく、説明を加えるだけで改善したのはなぜでしょうか。

つまり、即レスで「わかりました」という答えだけで、部下であるAさんは「自分の状況を上司に伝えていなかった」のです。

もしかしたら上司は忙しすぎて自分の状況が把握できていないのではないか、ということで即レスではなく、少し状況を加えたレスポンスに変えたわけです。

この優先順位を相手に聞き、状況を伝えることで「なんだ、この仕事は急がなくてよかったんだ」ということがわかったのが、Aさんにとっては大きな発見でした。

「はい。わかりました」とすぐ答えるのも、前に説明した「即レス」にあたります。何も考えずに「はい」と受けてしまうことは、即レスで自分の首を締めていただけだったのです。

上司あるあるですが、たくさんの仕事を抱えている管理者として頼む立場では、どんな仕事を、どれだけ、誰に頼んでいるかを把握できていないことが多々あります。思いついたことをとりあえずいろんな人に振って、すぐに指示をする。ここを責めても仕方がありません。管理者ももしかしたら余裕がないのかもしれません。

しかしながら、少し心理スキルを使い、10秒の時間を取り、レスポンスに加えたことで現実を変えることができたのです。

それから1、2カ月後。自分の状況と仕事の優先順位を毎回上司に伝えることを実践したAさんに再び面談したところ、「やっぱり会社は辞めないことにしました。ここは給料がいいので」とあっさり（笑）

指示を黙って飲み込むクセをやめたら、こんなにラクになったと喜んでいました。

▼今の状況と優先順位を「聞く」だけで仕事はラクになる

Mental Skill 4

「嫌われてる？」ではなく「困ってる？」と思って聴く

逆に前項の例を、上司の立場から見てみましょう。

仕事が遅いAさんという部下がいます。上司は内心、ずっとイライラしていました。仕事を頼むと「はい。わかりました」と素直に答えるのに、なかなか仕事が進まない。そこで「なんでできないんだ？」などと責め立てるのは言語道断。打ち合わせのあと、10秒の余白を使って、部下に近況を聞いてみるのです。

いつもは打ち合わせが終わったら終了してしまう会話の最後に、「何かわからないことある？」「今、何か困っていることある？」というひと言を付け加えてみました。

焦らず10秒、部下から言葉が出てくるのを待ちます。すると「実は今、1という仕事と2という仕事を抱えていて……」といった大変な状況を話してくれました。

上司は、部下が仕事を抱えていて大変だったことをそこで初めて知ります。その会話から部下の状況がわかった、それだけです。でもそれだけで「仕事が遅い」と思っていたAさんに腹が立たなくなったのです。

あるいは、頼みごとをするといつもムッとする部下がいたとします。「なんて態度が悪い奴なんだ」と思っていたけれど、それはもしかして、上司であるあなたが、部下の仕事の量をかえりみず、思いつきで次々に指示を出していたせいかもしれないのです。

「そんなことに思いも及ばなかった」という声が聞こえてきそうですが、ほんの少し、想像力を働かせることで、これも解決できるのです。

想像力を働かせて、なおかつ会話の中で心理スキル2の「10秒の余白」を使って、部下との関係性がよくなった例は、いくつもあります。

あなたは部下に「嫌われている」のではなく、部下が「困っている」ことに気づかなかっただけなのかもしれないのです。

一方で、上司にも悩みはあります。社長さんなのに「自分の会社に行きたくない」とおっしゃる人もいます。

社長であったり、部下を持つ身であったり、プロジェクトのリーダーだったりするのに、なぜそんなに嫌なのかというと、「部下に指示を出すのが怖い」と言うのです。

上に立つ人というのは仕事の絶対量が多いものです。当然、部下に頼むべき業務はたくさんあります。

部下にやってもらわなければならない立場であるにもかかわらず、「頼むと嫌な顔をされてしまうのではないか」と内心思い、頼むのをためらうのです。中には、部下に頼むより自分でやったほうが早いからと、仕事をどんどん抱え込んでしまう人もいます。

「部下に仕事を頼むことそのものがストレスだ」という声もよく聞きます。

部下からのメールの返事に傷ついている上司もいます。

部下に仕事を頼むメールを送ると、部下から「わかりました」と返信メールが来ます。でも、この短い文面が上司をとまどわせます。文字だけでは笑顔の「わかりました」なのか、ちょっとムッとしている「わかりました」なのかトーンがわからないので、「毎回、返信メールを見るたびに傷つく」と言います。ビジネスメールでは感情を表す絵文字も送れないため、仕方がないのですが……。

この本を読んでいる〝部下〟の立場の方、ここはぜひ、これまでご紹介した心理スキルを使ってあげましょう（笑）。

上司からのメールに「了解」「わかりました」と即レスする際に、ひと言、「お疲れさまです」とか、「何かありましたら、ご相談させてください」とか、何かワンクッション入れてみましょう。部下のほうからも、ぜひ想像力を働かせてみてください。

想像力を働かせると人間関係がうまくいき、よけいな詮索をしたり、勝手に不安になったり、イライラしたりすることがなくなります。

たとえば、メールの返信が短くてそっけない場合、「なんで、そんなそっけない返事なの?」とモヤモヤすることがあるでしょう。でも、もしかしたらその人は電車に乗っていて、短い返信しかできなかったのかもしれません。

既読はつくのにちっとも返事がないときも、もしかしたら車の運転中で、あとで返信しようと思っているだけかもしれません。

この想像力は、練習しないと身につかないものです。人付き合いでも、想像力があると、とてもラクになります。

イライラしている人がいたら、「嫌だな、この人」と思う前に、「もしかしたら忙しすぎてイラついているのかな」とか、遅刻してきた人にイラッときそうになったら、「そういえばお子さんが小さいって言ってたから、朝、保育園に送るときにバタバタしていたのかな」とか。

本当でも嘘でもいいから、そう思えたら、何より自分がラクになれます。

ちょっと想像するだけで、自分にストレスを感じなくさせてあげることができるのです。それができれば、仕事の場において大きな余裕ができるはずです。

▼イラッとする相手には「イヤ」と思う前に、何に困っているのかを考える

Mental Skill

5 不機嫌に見られているかも？笑顔をつくって聴く

「コミュニケーションをとりたいのはどんな人？」と質問すると、どんな答えが返ってくると思いますか。

最も多かった答えが、「自分の話を聴いてくれる人」「自分に合わせてくれる人」です。逆に「しゃべりにくい人はどんな人？」と質問すると、「圧の高い人」「自分の話ばかりする人」という答え。

何が言いたいかというと、ここまでお伝えしてきた通り、やっぱり頑張って話さなくていい、ということです。

「じゃあ、一生懸命聞けばいいのね」と思った方、ちょっと待ってください。一生懸命聞いているあなたの顔が、怖いかもしれません（笑）。

コミュニケーションは顔から入ります。誤解されないようにお伝えしますが、外見のよさのことを言っているわけではありません。

私はセミナーや研修の中で顔の表情の指導をすることがありますが、「とりあえず笑顔をつくってみてください」と言います。

多くの人が気づいていないのですが、**通常、どんな人でも〝真顔〟は怖いです。**とくにオンラインの打ち合わせや会議が増えている今、対面で接しているとき以上に相手の表情に目が行くようになりました。書類に向かっている時間が長い人は、１００％自分の顔は怖いと思って間違いありません。ごめんなさいね、でも本当なんです。気づいた今から変えていきましょう。

画面越しに見る真顔は、まるでフリーズしているかのように見えます。もちろん、聞いているほうは真剣に聞いているのです。でも、「あれっ、なんか怒ってる？」「私の話がつまらないのかな」などと感じてしまう経験をしたことがある人もいるのではないでしょうか。

いい年をした大人に向かって「顔が怖い」と言ってくれる人は、なかなか周りにいないでしょう。だから僭越《せんえつ》ながら、私が代わりにお伝えしています。

なぜ、こんなことを言えるのかというと、あなたにとって損でしかないからです。

真剣な顔は、画面越しではただただ〝不機嫌〟に見えます。しかもパソコン画面の位置によっては、下から見下ろすように映るので、コミュニケーションをとるほうは、あまりいい気分ではありません。

人気ユーチューバーは、目線や表情、画面の位置など、ありとあらゆることをしっかり計算しているといいます。それなのに、私たちは「仕事」という大切な場面でそれを守っていません。それでは、スタート地点から大損をしていることになります。

オンラインでは、自分の顔が画面に映ります。そのとき、一度、自分の顔を見てください。その顔に、大事な仕事の話をしたり、相談したいと思えますか？

やることは簡単です。まずは笑顔をつくること。もちろん何十分も何時間もニコニコ笑ってください、などとは言いません。実際、わかりやすい笑顔ではなくてもよく、最低限「不機嫌ではない顔をする」こと。

具体的には、**重力で下がった口角を上げる程度でいいのです。**

これだけでも空気が変わってきます。

研修に参加してもらったある管理職の女性は、研修で笑顔で話を聴く練習をしすぎて、「顔が筋肉痛になった」と言っていました。

その効果は絶大でした。

「急に周囲の空気が変わり出した」

「部下が勝手に変わっていった」

とおっしゃいます。

今まで部下が全然動かなくてイライラしていたのに、能動的に動いてくれるようになったというのです。

「私は何も変わってないんです」とおっしゃっていましたが、無意識のうちに、顔や表情、よくうなずいて話を聴くなど、聴き方が変わっていたのです。やっていたのは、ちょっと口角を上げて筋肉の使い方を変えただけ。

なぜ、これだけで部下が動くようになったかというと、ひと言でいえば、部下が話しやすくなったからです。

今までは上司の顔が怖くて質問ができなかった、何かあっても報告ができなかった。だから「上司から何か言われるまで待とう」あるいは「自分で判断して動こう」となってしまっていたのです。

誰だって顔が怖い人には話しづらいですよね。それが穏やかな表情で聴いてくれるとなれば、相談もしやすくなります。「今、こんな状況なんです」と報告もしやすくなります。

会話の中で指示を出すこともあるでしょう。でも、安心感の中で会話をしているので、報告している部下のほうは安心してその行動を続けていけます。実はこれが、仕事において、絶大な相乗効果をもたらします。

それまでは言われたことしかしなかった部下が、安心して自分で営業してくるなど、能動的に動き出す。安心してチャレンジもできるわけです。

上司にしてみれば、「○○をやってみたんですけど、どうですか？」と状況を報告してくれるから、部下が今、何をしているかも把握しやすくなる。情報も集まりやすくなる。だから、部下に次の指示や提案をしやすくなるのです。単純な仕組みですが、とても大切なことです。

▼気合を入れた「真顔」は怖い！口角を上げるだけで、周囲が変わり出す

Mental Skill

6

こんな聴く姿勢で「肯定する空気」をつくる

前項の「笑顔をつくる（口角を上げる）」に関連して、もう一つポイントとなるのが、話を聴く際に「うなずくこと」。

これはとくにオンラインの画面上で絶大な効果を上げます。

相手が話をしているときに、話の切れ目の部分や間《ま》が空いたときに、まめにあいづちを打ちます。

対面の場合は小さくうなずいたり、「なるほど」と小声で言うだけでもいいですが、オンライン上ではなかなかリアクションがつかみづらいので、やや大げさなくらいでちょうどいいでしょう。

真剣に話を聴きすぎると、うなずくことを忘れてしまいます。話しているほうは、フリーズしているかのような画面に一方的に話すことになります。それが、まるで一人で話しているような気分になって、とてもむなしいんです。

この孤独感、多くの人が会議中に感じているそうです。

うなずいて聴いてあげているだけで、人は肯定されている気分になり、仕事もスムーズに進みます。安心してしゃべることができる空気感ができるからです。

なぜ社員がすぐに辞めてしまうのか

ある士業事務所の所長さんから、

「社員がすぐに、しかも一気に辞めてしまうので、人が育たない。どうやって人材育成をすればいいのか」

というご相談を受けました。話を伺うと、たしかに激務ではありますが、高給で待遇もよく、辞める理由がわからないと言います。

「最近の子は、我慢が足りないんだよね。僕らの若いときは根性で頑張ったものだよ」

と所長。よくある、がむしゃらに働いた「昭和世代」とのギャップを語る管理職の方は多いのですが、本当にそうなのでしょうか。

話を伺っているうちに、「ああ、そうか」と納得したのが、その所長さんがお話をされているときの顔が、やっぱり怖いんです（笑）。

失礼ながら、ご本人に正直にお伝えしました。「申し訳ないのですが、お顔が緊張感にあふれています」と。

最初は意味がわからなかったようですが、「お顔に圧を感じます」とお伝えしたら、苦笑されていました。

40代の男性の真顔は、若い子にしたら圧しか感じられません。

まず、お願いしたのが、「うなずいてもらうこと」でした。

社員とのミーティングはオンラインがほとんどだというので、オンライン上でコミュニケーションの練習をしました。

2分間話を聴く練習をしたのですが、これがなかなか難しいのです。

「コミュニケーションについては勉強した」と所長はおっしゃるのですが、実際にやってみると、相手の話を最後まで聴けず、話をかぶせてしまいます。

頭がいい人だけに、つい先取りしてしまいたくなるのでしょう。話すほうにしてみたら、話を受け取ってもらった感が得られず、会話の間《ま》がないので、なんとなく詰め寄られているような印象を持ってしまいます。要は、圧を感じてしまうのです。

「まず、相手が話をしたら1回うなずいて、間を空けてから次の話をしてください」とお伝えしたところ、慣れるまでは「呼吸困難になりそうです」とおっしゃっていました。

また前項の例と同様、口角を上げてうなずくようにしてもらったところ、この方も顔が筋肉痛になったそうです。

ここからが面白いのですが、うなずいて話を聴く姿勢をお伝えしてから、何が変わったかって、社員よりも先に変わったのは、家庭で奥様の反応でした。

奥様の自分に対する反応が、やわらかくなったそうです。

たとえば、家庭でパートナーが話しているのにスマホを見ていたり、背中を向けたりしていませんか。そうすると話す気がなくなりますよね。

「ちゃんと聞いているよ」というサインを見せるだけで、きっとパートナーシップも変わります。

当然、社員の反応も変わってきました。少しずつですが、社員が今、困っていることを話してくれるようになったのです。

たとえば、税務のアプリを使いこなさなければならないとき、やり方がわからない。

そんなとき、今までだったら「わからない」「できない」と言えませんでした。なぜなら、緊張感にあふれていたから。

できないと言ったら無能だと思われそうで、とても質問することが許されないような雰囲気だったからです。

でも仕事をしはじめて間もないうちはわからなくて当然ですし、ミスだってあるでしょう。けれども、質問できないからそこで詰まってしまい、一番大事なところで辞めてしまう。つまり、告白できないまま辞めている状況が繰り返されていたことがわかったのです。

とにかくミスがあっても責めないことを徹底してもらいました。もし、わからないことやできないことを打ち明けてくれたら、「早めに教えてくれてありがとう」とみんなの前で言ってもらうようにしたのです。

すると、安心してしゃべれる空気ができ、問題点がどんどん浮き彫りになっていきました。社員が「実は～」と打ち明けてくれるようになったのです。このあたりは、前項で説明したのと同じ状況ですね。

そこで、そもそもアプリやソフトを使う際に説明不足だったことが明白になり、しっかり説明するようになりました。そうすると、なんと仕事の効率化にもなったのです！

みんなの前できちんと説明でき、その場で質疑応答もできるから、説明が1回で済むわけです。間を空けてうなずいているだけで、勝手に問題が解決していったのです。

所長さんはつくづく、社内の空気づくりが大事なのだと思い知ったといいます。一生懸命面倒を見て、高い給料も支払って社員を大事にしているつもりだった。何が不満で辞めていくのかわからなかった。でも、この凍った空気をまさか自分がつくっていたなんて！ 自分の無意識の圧が原因だったとは、夢にも思わなかった、とおっしゃっていました。

▼「間をあけてうなずく」だけで、問題が勝手に解決する

Mental Skill ⑦

「はひふへほ」で話を受け止める

先ほど、人がコミュニケーションをとりやすいのは自分の話を聴いてくれる人、自分を受け止めてくれる人だという話をしました。

人は自分の話をたくさん聞いてくれた人に好意を持つ。これは間違いありません。だからといって、「人の話をたくさん聞かなければいけない」と気合を入れてしまうというようなことはしないでください。そうすると、しんどくなってしまいますから。あなたはこれまでも、人の話を一生懸命気合を入れて聞いてきたのではないでしょうか。

でもそれは違うんです。**話を聞くときはぜひ「気合を抜いて」聴いてください。**ゆっくりあなたの話を聴いていますよ、ということさえ相手に伝われば大丈夫です。そのほうが相手も圧を感じないので、とてもラクなんです。

お話をするときに、前のめりですごく真剣すぎて顔が怖いということもなくて安心ですよね。つまり、笑顔でうなずくだけで安心するものなのです。気合を入れて聴くのはとても疲れてしまいます。

たとえば、プロのカウンセラーは60分お話を聴くという形で時間が区切られていますよね。なぜならアンテナを張り続けて気合を入れて聴くというのは、60分から90分で一段落しないと、集中力やモチベーションがもたないからです。

ましてやあなたはカウンセラーではありません。だから、ただただ楽しそうにうなずくということだけでもOKなんです。ちょっとぼんやり聴いていても大丈夫です。「何かアドバイスをしないといけない」「何かうまく話さないといけない」「ひと言返さなくてはいけない」と思ってしまうと、一気に疲れて楽しくない気分になってしまいます。

まずは楽しそうに、気合を抜いて聴いてみてください。

そして、もし、あなたがちゃんと話を聴けていたか不安なときは、相手がいったん話し終わった区切りのところで、「今の話ってこういうことで合ってる？」と確認するのがいいでしょう。

人は意外と思い込みで話を聞いているものです。違っていたら、丁寧に聞き直して訂正してもらえば大丈夫ですし、何も難しいことではないのです。
ここで気合いを抜いて聴く簡単なスキルを伝授します。
「はひふへほ」で聴くのです。

は：「はぁ～」（感心したとき）
ひ：「ひゃー」（驚くとき）
ふ：「ふーん」（うなずくとき）
へ：「へぇ～」（感心したとき）
ほ：「ほぉ～」（納得したとき）

どうでしょうか。力が抜けますよね。
これに対して、よくビジネスでは「さしすせそ」で話を聞きなさいといわれます。

さ：さすがですね！　最高ですね！
し：知らなかったです！

す：すごいですね！　素敵です！　素晴らしいです！
せ：センスがありますね！
そ：そうなんですか？　その通りです！

この場合はどうでしょうか。書いているだけで、何だか前のめりすぎて疲れてしまいそうです（笑）。

たしかに短時間で会うだけでしたら、言われたほうも気持ちがいいかもしれませんが、いつもそんなにテンションを上げて気合を入れて聞き続けられる人がいるでしょうか。

「さしすせそ」はビジネスでも、合コンでもどうしても関係性を深めたい相手にのみできることだと思っています。ずっと気合を入れて聞いていると相手もそれを感じて、なんだか疲れてしまうのです。

ぜひ「はひふへほ」を日常使いしてみてください。

気合を抜いた会話のほうがお互いに疲れることがなく、心も開きやすいものです。

私はオンラインで何時間も人と面談したり、セミナーやコンサルで何時間も人と会って話をすることが常ですが、まったく疲れないのは、この「はひふへほ」を使って、ゆったりとお話を聴けているからかもしれません。

「ちゃんと聞かなきゃ」と思うと、肩に力が入り、姿勢は自然と前のめりになります。そうすると顔が前に出て、画面上で顔がアップになり、圧を強く感じさせてしまいます。物理的にも重力が前にかかって、首がとっても疲れてしまいます。

私は気心が知れた仕事仲間には「(前のめりになりすぎて）今、首がないよ」と言ってよく注意をしています（笑)。

オンラインでクタクタになっている人の原因は、実はこれなのではないでしょうか。気合が入るとあいづちにも気合が入って前のめりに、そして重心がかかって肩こりに。

気合を抜くには座り方もとても大切です。まっすぐ座るという意味で、前のめりにならず、自然に肩の力を抜いた姿勢のよい状態になると、自然に「はひふへほ」が出てくるようになります。

▼話をいっぱい聴いてくれる人は好かれる。選ばれる！

まとめのワーク

傾聴のワーク

話す人・聴く人・観る人の3人1組になり、2分間で役割を交代しながら話を聴くワークになります。

①聴く人……「はひふへほ」を使って相手に話してもらいましょう。話し手が話をしている間は、「はひふへほ」のあいづち以外、口をはさんではいけません。

2分間我慢して聴きます。〝我慢して〟と書いたのは、それだけ2分間黙っていられない人がとても多いからです。

2分間黙っている経験をすると、「聴き手」役の人は、どれだけ自分が口を挟み、意見を言っていたかがよくわかります。

②観る人……ただ話し手に対して、「この人はこんな面があるんだな」と思いながら、ただ観察する役目です。

観察することによって「自分も同じことをやっているかも」といった客観視の練習

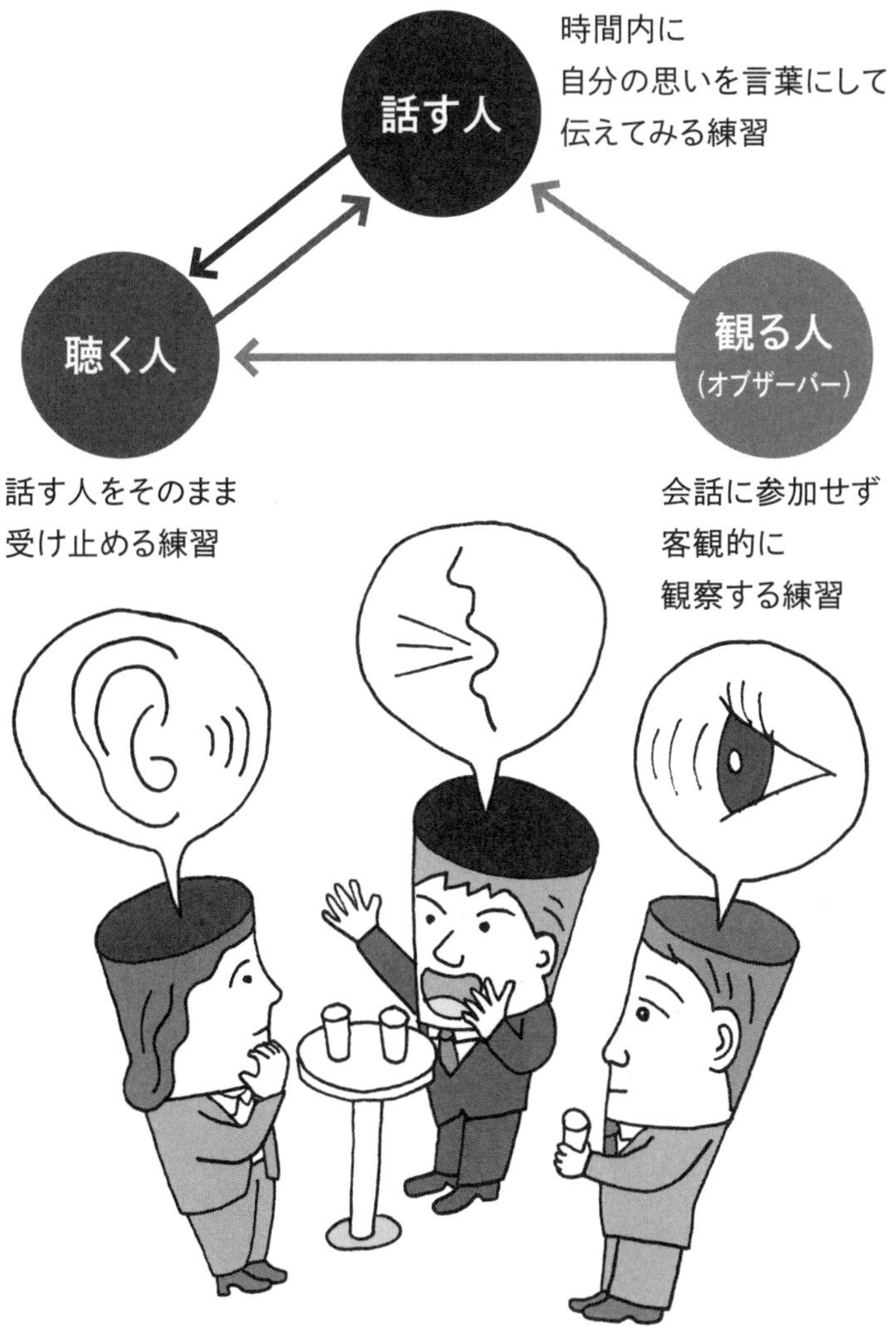
話す人
時間内に
自分の思いを言葉にして
伝えてみる練習
聴く人
話す人をそのまま
受け止める練習
観る人
（オブザーバー）
会話に参加せず
客観的に
観察する練習

3人1組になり、2分間で役割を交代しながら話を聴く。

になります。

③話す人……聴く人に向かって話をします。

「話し手」のほうは、あまり喋れないか、喋りすぎるかのどちらかに分かれるものです。話の要点がまとまっていないか、まとめすぎて言葉足らずか、自分の話し方のクセがわかります。

2分話し終わったら今度は役割を交代していきます。

それぞれの役目を経験することで、自分のコミュニケーションの仕方について知るきっかけとなるワークになります。

第2章

「感情」を小さく分解しよう

心の奥の「本当の気持ち」を読み取るスキル

本章では人が最も理解が難しく扱いにくいと感じている「感情」について、仕組みや例をまじえて、使えるスキルをご紹介していきます。

人は感情に振り回されるから、ストレスがたまります。感情の仕組みを理解しうまく取り扱う方法を知ることで、人間関係がよくなるだけではなくメンタルスキルを上げることができ、さらには感情のすれ違いや誤解などのトラブルも未然に防げるようにもなります。

Mental Skill 8

「隠れた感情」に気づく

人の感情には「第一感情」と「第二感情」があります。物事が起きたとき、最初に生まれるのが第一感情で、次に生まれるのが第二感情です。

これだけなら話は単純なのですが、人間というものは、なぜか第一感情を認めるのが難しいものなのです。

第一感情を言い換えれば、心の奥深くにある「本当の気持ち」。だからそれを認めたくなくて、第二感情で覆い隠してしまうのです。

最初に意識するのは第二感情のほう。本人でさえ、第一感情である本当の気持ちに気づかなかったりします。

たとえば、小学生の男の子が、好きな女の子に話しかけられると照れて怒ったりしますよね。本当は好きなのに（笑）。この場合、第一感情が「好き」「恥ずかしい」です。でもそれを認めたくなくて、第二感情として「怒って」みたりするのです。

感情の袋――第一感情と第二感情

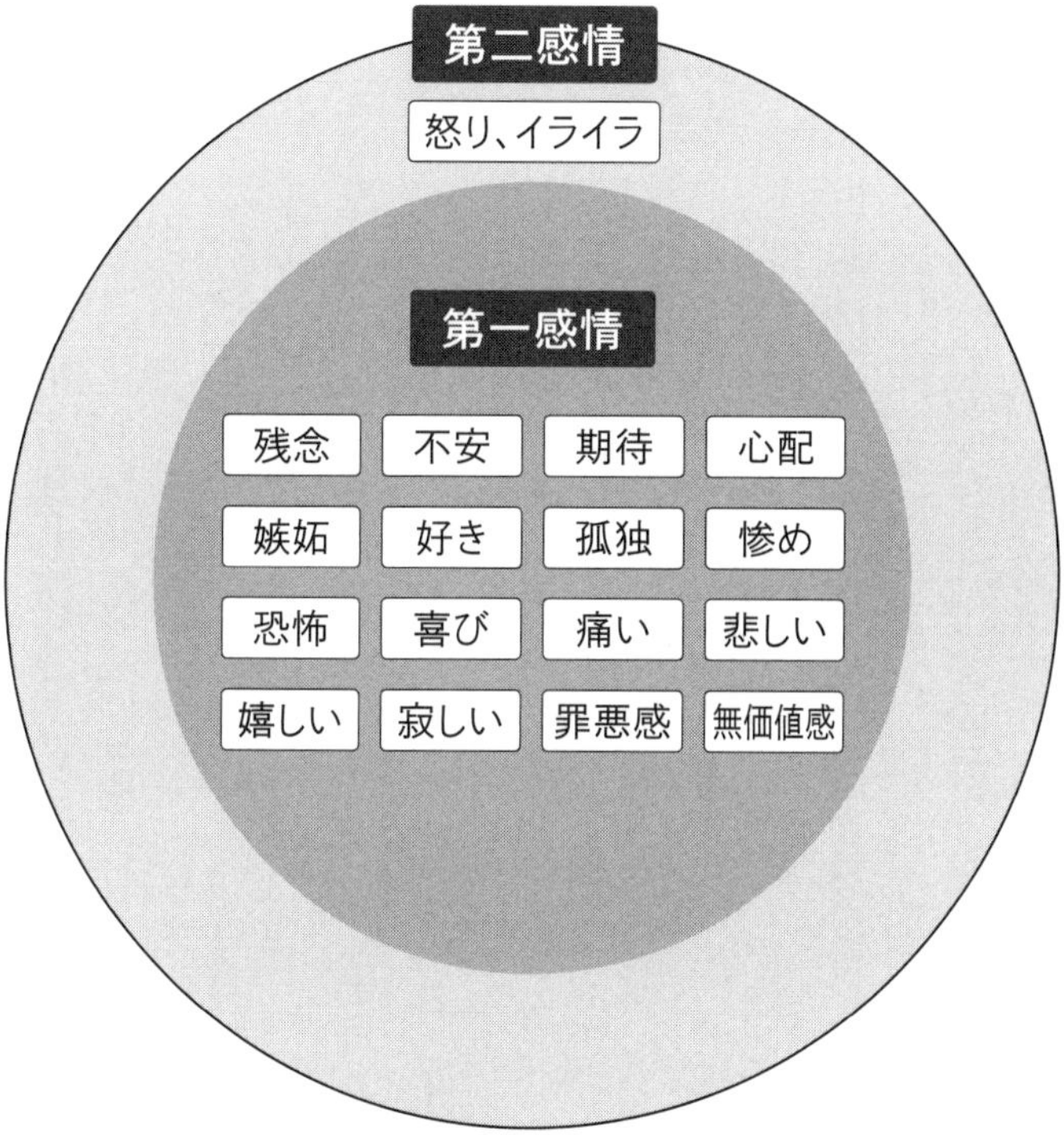

その人の表に出る感情は「怒り」などの第二感情で、
内側に本当の気持ち（第一感情）が隠れている。

隣のデスクからモノがはみ出してくるのが会社を辞めたいほどのストレスだった理由

実際にあったビジネスのご相談で説明しましょう。感情を分解することによってストレスが解消された典型的なケースです。

ご相談に来たのは営業補助をされている30代の女性です。営業担当にとっては、なくてはならない有能なお仕事をされていました。女性の隣の席は、仕事をフォローしている営業の男性の先輩の机があります。先輩は外回りをしていて、日中はほとんど会社にはいません。

まじめな彼女の机の上はいつもきれいに資料が整理されていました。そんな彼女が突然、「仕事を辞めて、もっと自分に向いていることを探したい」と相談に来たのです。

理由を聞くと、隣の机の先輩が許せないとのこと。先輩は営業に出て、帰ってくると山のようにファイルや資料を積み上げていく。その書類の山が、彼女の机にはみ出てきて、一日に何回もそれを押し戻していてストレスがたまる。意思疎通もできない。だから、もうこんな会社辞めたいと言います。

「ちょっと待って。辞める前にちょっと感情の分解をしましょうか」と私は提案しました。

先輩の机の上の書類が雪崩《なだれ》のようにはみ出してくるたびに感じていたのは、「怒り」「ストレス」「失望」でした。これが表面上に出てくる第二感情です。

さらに分解していくと、第一感情として出てきたのは、「無価値感」「悲しさ」「みじめさ」でした。

「会社は男性のほうが多いし、多分女性を大事にしていない気がする」

「営業アシスタントの仕事をバカにされている気がする」

「先輩は私の仕事を認めてくれていない」

話をしていくうちに、こんな第一感情が隠れていたことに気がついたのです。

「先輩の書類が自分の机のほうにはみ出してくる」＝「自分は認めてもらっていない」という感情があることに、本人も驚いていました。そして、その感情があることを認めるのに抵抗があったと打ち明けてくれました。

覆い隠されていた第一感情に気づいた彼女は、最初に感じていた怒りやストレスに冷静に向き合うことができるようになっていきました。

「先輩はわざと私の机にはみ出そうとしているわけじゃないし、悪い人ではない。片づけるのが苦手なだけで、忙しくて余裕がないだけなのかも」と思えたのです。

「辞めるにしても、自分の気持ちを伝えてからでもいいのでは」と助言したところ、実際に先輩に話をしてくれました。

「実は、先輩の荷物がはみ出しているのを見ると、なんだか認めてもらえない感じがして、いつも悲しい気持ちになって、少しだけ押し返しているんです」と。

びっくりしたのは先輩です。

「そんなつもりは全然なくて、実は片づけられなくて困っていたんだよ」

先輩は先輩で、彼女が自分の顔を見て嫌そうにしているのを感じ、嫌われていると思っていたそうです。でも、自分ではなくて机を見て嫌な顔をされているのがわかってほっとしたのですね。

すると、彼女のほうから「私が片づけましょうか」と提案し、「えっ、いいの？」と先輩は大喜び。結局、彼女は2人分のきれいに片づいた机を自分の好きなように使えるようになり、営業のサポートもしやすくなりました。

先輩には感謝され、営業帰りには、おやつを差し入れてくれるように。会社が快適な環境に変わり、コミュニケーションもとりやすくなり、「今は全然辞める気はないです」と喜んでいます。

私はよく感情を袋にたとえて話すのですが、いろんな感情を抑圧していると、それがどんどん袋にたまって、パンパンになってしまいます。

突然彼女が「辞めたい」と言い出したのも感情をためていた袋がパンパンになったから。

そこで、感情を分解することにより、隠れていた本当の気持ち（第一感情）に気づいて認めることで第二感情が不必要になって、その分が小さくなり、感情の袋の容量も空くのです。

▼その感情の奥にある「隠れた気持ち」がわかれば気持ちがラクになる

Mental Skill 9

感情問題を「勝ち負け」で考えない

前項の例でわかるように、〝怒り〟などわかりやすく表れている感情の中に、実は「不安」「寂しい」「みじめ」「認めてもらいたい」「わかってもらいたい」など、本当の感情が隠れていることがあります。

でも、人間は、なかなか本当の感情（第一感情）は認めたくないもの。なぜなら、素直に認めてしまうと自分の内側をさらけだすことにより、「負け」を認めているような気分になるからです。

感情は「勝ち負け」ではないのはわかっているし、別に相手と戦っているわけじゃないのに、なぜか相手に負けた気分になり、くやしさや認めたくない気持ちを伴います。

でも、**認めてしまうと、とてもラクになります。第二感情が分解されて不要になり、占めていた容量が小さくなるからです。**

パートナーとの関係もそうです。たとえば隣の家のおじさんがやっても腹が立たな

本当の感情(第一感情)に気づいて認めることができると、
怒りなど(第二感情)が分解されて感情の袋はしぼんで小さくなり、
脳の「容量」が空く。

いことでも、パートナーがやると腹が立つ。これって、パートナーに愛情があるからだったり、わかってもらいたかったりするからですよね。

でもパートナーに「わかってほしかった」なんて、負け感があって、とても言えないわけです。この「好き」が第一感情、腹が立つ、が第二感情というわけです。

ちなみにこのように〝怒り〟の感情は、ほとんどの場合、分解できます。

「なぜムカついているの？」と聞くと、多くの人がムカつく理由を並べたてますが、実はそれは第二感情を並べているに過ぎません。もっと心の奥深くを探っていくと、必ず怒っている本当の理由があります。

「罪悪感」という隠れた感情

子どもがいる働く親にとって、「罪悪感」はつきものです。これだけ時代が変わっても、まだ罪悪感を抱きながら働いているお父さん、お母さんは多いことでしょう。私自身も経験があります。

私の次女が小学校4年生のときのこと。

放課後は学童保育にお願いをしていましたが、あるとき、私が講師をするセミナーの本番を10分後に控えていたとき、公衆電話から何度も私の携帯に着信があることに気づきました。やっと電話を取ると「ママ、ごめん。私、全部忘れちゃった。家の鍵もキッズ携帯も」と言って電話がプツッと切れました。

当然、私は軽くパニックになりました。「今、どこにいる？」「炎天下の中で、水分どうする？」「学童に行っているはずなのに、なんで外にいる？」。ぐるぐるといろいろなことが頭をかけめぐり、イラッともしましたが、こんなときこそ「感情分解、感情分解」と言い聞かせて、しばし考えました。

娘は要領がいいから、きっと友だちの家に行って遊ぶことがどこかでわかっていました。以前も同じように鍵を忘れたことがあり、あの子のことだから、心当たりのあるお友だちが数人いるので何軒か回って、遊べる友だちを探すだろう、と、冷静になって心配な気持ちと向き合いました。

そして、あらかじめ心当たりのあるママ友数人に連絡をして事情を話し、「もしかすると、うちの子が行くかもしれません」とお願いしました。そして私はセミナーへ。

仕事のあと、急いで帰宅しようと乗った電車の中で、もちろん第一感情は心配、や不安、とわかっている中でも、さらにまだまだ、モヤモヤを感じていました。

「なんでこんなにモヤモヤするんだろう」と感情分解して、はっと気づきました。
「私、次女に対して罪悪感があるんだ」と。

実は、長女のときは初めての子ということもあり、子どもが帰宅する前に私も必ず家にいるようにと気をつかっていました。

一方の次女は、明るくて元気な子だったので、「学童が終わる頃までに帰宅すればいい。鍵も渡してあるし」と仕事をかなり入れていたのです。

私の周囲には、子育て中は子ども優先の親御さんも多く、本当は娘に寂しい思いをさせているのではないか、と思っている。**その罪悪感に気づいた途端、モヤモヤしていた気持ちやイライラがしゅるしゅるとなくなっていきました。**

先ほど、第一感情に気づいて分解していくと第二感情が占めていた容量が小さくなっていくとご紹介しましたが、まさにこれです。

ちなみにその日、娘は18時頃に「楽しかった！」と帰ってきました。案の定、友だちの家でゲームをしていたそうです。

そこで、私は自分の第一感情を素直に子どもに伝えました。

相手が子どもであっても、第一感情を伝えることは、人間関係においてとても大切なことです。

とても心配だったこと、不安になったこと。その途中で、これまであなた（次女）を優先できていなかったんじゃないかと罪悪感があってモヤモヤしていたことに気づいたこと。

そうしたら、なんと次女は「え〜〜っそうだったの!? 大丈夫だよ！ 気にすんなって！」とひと言。

「お母さん、ありがとう」という言葉を期待していた私はズッコケました（笑）。

ですが、今20歳を超えた次女に当時のことを聞いたら、「お母さんの優先順位の一番がいつも自分にあったことは知っていた。ママの大事なものの順位は、いつも仕事より自分だった」と言ってくれたのです。

もっとうれしかったのは、「だから私も子どもができたら、教えてあげないとあかんね！」と言ってくれたことです。こうして次の世代へと伝わっていくことは、とてもありがたいことです。

働く親はいつも罪悪感にさいなまれていて、それが逆にイライラする理由になることがあります。実は子どもに第一感情から話すことはとても大事で、子どもの心の中に残ります。

親子関係でも、なかなかうまくこの辺りを伝えられず、正直に第一感情を伝えることに「負け感」といいますか、正直になりにくい「抵抗感」を持つ親御さんは実際いらっしゃいます。

しかし、ここはいさぎよく親が抵抗感を乗り越えて正直に、子どもに本音を話す。そういう大人が増えてくれたらいいなと思います。

別れようと思った「本当の理由」

親子関係の次は、恋愛関係の実例を(笑)。恋愛関係も、勝ち負けの関係になっていることが非常に多いものです。

勉強会で感情の分解のワークに参加していた女性のお話。遠距離の彼と別れようと悩んでいるそうで、彼は多忙で休みが取りづらい人。彼女は、しょうがなく、いつも自分が交通費を使って、会いに行っていたそうです。とはいえ、彼はなかなかないお休みを彼女のためにできる限りあけて、食事もご馳走してくれたり、プレゼントをしたり、連絡も毎日してくれたそうです。

それなのに彼女が別れようと思った原因は、彼が20時に約束していた電話を「あっ、ごめん、21時でいい？」とあっさり時間変更してきたから。

その瞬間、彼女は「もう二度と自分からは会いに行かない！　別れる！」と思ってしまったそうなのです。なぜだと思いますか？

彼女には、彼がどれだけ多忙なのか見えませんでした。前日夜中まで仕事をしていたとしても、わかりません。

彼は元野球部で体育会系。「愚痴や弱音を言ってはいけない」と鍛えられていたため、「忙しい」とか「疲れている」とか、彼女によけいなことは話さないでいたそうなのです。だから彼女にはよけいわからない。

彼女にしてみたら、「いつも会いに行くのは私。高い交通費を使っているのも私。時間とお金をこんなに使っているのに、何よ！」と、自分が損をしているような気持ちでモヤモヤしていたわけです。**モヤモヤは少しずつふくれ上がり、感情の袋がパンパンになっていた**のです。

その地雷を彼は知らずに踏んでしまった。「連絡を1時間遅らせてほしい」というひと言だけで！　彼にしてみたらわけがわかりませんよね。「毎日電話しているし、翌日早朝から仕事があっても、これまで一生懸命に時間をつくっていたのに」と。

なぜ彼女は怒っちゃったの？　俺の何が悪かったの？　となってしまいます。

もう、みなさん、おわかりですよね。これって、彼女が第一感情を彼に伝えていないだけなのです。そのことに彼女は気づきました。

「寂しかった。彼に〝会いに来てくれてありがとう〟と言ってほしかった。わかってほしかっただけだった」と。

まさに彼女が感情分解のワークをしている最中で、「よく考えたら、彼は全然悪くない」と気づいたのです。

そこで彼に電話をして「私、ちょっと我慢しすぎたみたい」と第一感情を告白。彼も「俺も忙しい中で頑張っていたつもりだったから、すごくショックだった」と本音を打ち明けてくれました。今はとても仲良くされています。この勉強会を受けていなかったら、確実に別れていた、と言います。

よく考えれば、お互いに相手を思いやって、大事にしていただけ。こんなすれ違いで別れてしまうカップルやご夫婦が、もしかしたらたくさんいるかもしれません。

信頼関係をつくるのがうまいのは「先に負ける」ことができる人

私たちは人間関係において、なぜか勝ち負けの中で生きています。これが本音トークをしにくくさせています。

だからこそ、この〝負け感〟を超えて、「先に負けてあげることができる人」はメンタルスキルが高い人です。信頼関係をつくるのがラクになりますし、愛情をもって話すことができるようになります。

どういうことかというと、あえて自分の内面を打ち明け、自分が怖いと思っていることや、話すのに勇気が必要な本当の気持ちをそのまま伝えてみるのです。これは非常に効果があります。なんといっても、そんなこと、誰もできませんから。

普通は、「なんで私から負けなくちゃいけないんだ！」となるでしょう。だからこそ、言われたほうは、「そこまで話してくれるなら、自分も話そう」と思えます。

もうここであなたは〝負けること〟の素晴らしさを知りました。知っているあなたから負けてあげましょう。それが人間関係を変えるきっかけとなり、あなた自身をよりラクにさせてくれるでしょう。

▼認めたくない感情に気づいたとたん、モヤモヤの容量が小さくなる

Mental Skill

10

感情を分解して脳の容量を空ける

感情には容量があります。前項の遠距離恋愛の彼女の例にあったように、自分だけ彼に時間もお金も使っているというモヤモヤの感情をそのままにしていたから、その気持ちが風船のようにふくらんでしまったわけです。

私たちの日常生活や職場でも同じようなことがあります。一つひとつは些細なことなのに、知らず知らずに感情を抑圧しています。それが少しずつたまっていくと、感情の容量がいっぱいになります。**自分の感情を無視して抑圧しないことが大切です。**

それが、あるとき爆発する！　運が悪い人が、たまたまその地雷を踏んでしまうこともあります。踏んでしまったほうは驚きます。「えっ、なんで急に怒るの？」「えっ、なんで突然〝辞める〟なんて言うの？」。

そんなときは、たいていの場合たまたま相手のふくらみにふくらんだ感情という地雷を踏んでしまったのです。

●ライバルへの「嫉妬」が「感謝」に変わった社長

仕事をしていると、不公平だと感じることはよくあります。「あの子はひいきされてる」「私がこんなに頑張っているのに、あの人はずるい」とか「あの子はひいきされてるのに、私だけ軽んじられている」とか。仕事をしていると、誰かと比較をすることで嫉妬《しっと》の感情がわいてつらくなることもあるでしょう。

私がコンサルをしている会社の40代の男性の社長もそうでした。社長さんですから、弱音はなかなか吐けませんし、周りからはとても成功しているように見えます。ところが、社長には「あの人だけうまくいって、私は全然うまくいってない」という、同業他社の社長に対する嫉妬の感情があったのです。

相手の社長さんは、ＳＮＳの発信がとても上手でした。同じような商品を扱っているのに、相手の会社の広告が目に入ってくる。ブランディングもうまい。どんどん会社が発展して「年商〇億円」などという文字が目につくと、どうしても焦ってしまいます。

「自分の商品のほうが絶対にいいはずなのに……」。そう思いながらも、相手が気になりすぎてSNSで発信するのも嫌になり、広告を出すのも嫌、オウンドメディア（自社のメディア）で自分のことを書こうにも、手につかない。

ここで感情問題をパソコンの容量にたとえてみます。モヤモヤしたり、イライラしたり、嫉妬をしていたりしているときは、感情がふくらんで、パソコンの容量はいっぱいです。容量がいっぱいのパソコンは動きも重く、鈍くなります。そこで感情を分解して小さくしていくことで容量がリリースされ、アプリが動き出すのです。

そこで一緒に感情を分解してみました。第一感情、第二感情はなんなのか、掘り下げてみるのです。不安なのか、心配なのか。感情を分解する作業をするだけで、一瞬、嫉妬の対象者である社長さんから意識が離れます。

第一感情を探っていくと、最初は「嫉妬があります」と教えてくれましたが、なんだかスッキリしません。本当はその奥に、何か覆い隠している感情がありそうです。そうしたらひと言、「……みじめです」とおっしゃいました。

自分は努力をしているのに、成功できない。それがみじめだと。そう言って泣かれたのです。第一感情は自分ではなかなか認めたくないものです。「めちゃくちゃ〈負けた感〉があり、すごく醜い気持ちになります」と正直に話してくださいました。

感情問題はパソコンのキャパオーバーと同じ

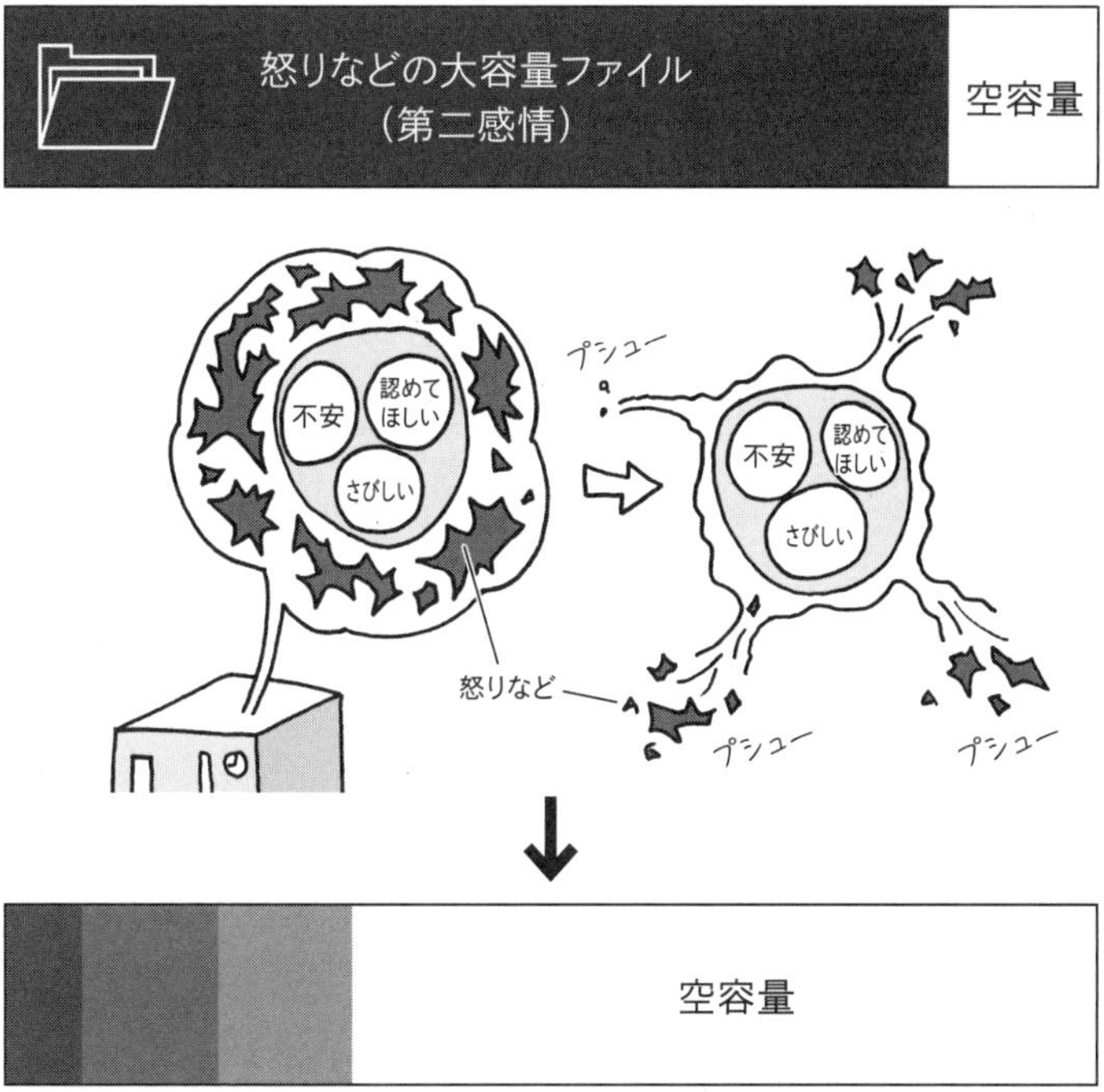

本当の感情（第一感情）に気づいて認めると、
怒りなどの第二感情が分解されて容量が空き「最適化」する。

会社の代表の立場になると、いつも笑顔で肯定的な発信をしなければならない。「みじめ」だとか「孤独」だとか、とても認めたくないものです。でも、そこで泣かれたとき、彼の中でガスが抜けたようになりました。そこからいろんなことがラクに考えられるようになってきました。

次に、相手の社長から取り入れられる要素がないか考えてみることになりました。まったくタイプが違う者同士でしたが、その方をモデリングの素材として考えたとき、どういう点を真似できそうか考えることができるようになりました。

それまではただうらやましいとか、ただ嫉妬するだけの対象だったものが、モデリングの対象と考えた途端、つまり観察する素材となった途端、ネガティブな存在ではなくなってきます。

「嫉妬しないようにしましょう」と言うのは簡単ですが、そんなことはできません。だから、その人から勉強させていただく。もっと言えば、盗めるものは盗むのです。どこを真似したらいいのか、その人はどんな工夫をしているのかに注目するのです。

そうなると自分の疲れやストレスは小さくなっていき、やがて嫉妬の対象者の存在さえ、「現れてくれてありがとう」と感謝できる存在に変わってきます。そこまできてようやくパソコンの容量が減り、「頭が動き出した」とおっしゃいました。

容量が小さくなる前に同じアドバイスをしても、「なんで、あいつの真似をしなくちゃならないんだ」と文句を言ったり、「条件が違う」「若いからできるんだろう」とか、できない言い訳をしはじめます。

でも、容量が小さくなっていると考える余裕ができ、新しいアイデアも出てきます。SNSでの発信の仕方や回数、自分のプロフィル写真の撮り方、文章は自分で書かずにプロに書いてもらう、ブランドアドバイザーを入れて、服装も変えました。

今までの彼だったら、アドバイスをされても受け入れる余裕がなかったでしょう。

自分を「最適化」して軽くしよう

私たちはとてもパソコンに似ています。長い間使っている古いパソコンをずっと使い続けていたら、やがて重くなって使えなくなった経験はありませんか？

パソコンは新しいものに買い替えればいいけれど、人間の場合は急にスペックのいいものに買い替える、というわけにはいきません。

私たちはこの一つのパソコン（自分）を丁寧にメンテナンスを行い、いっぱいになった容量をリリースして長く使っていくしかないのです。スペックを上げてうまく使っていくには、これしかありません。

感情問題は、動画ファイルぐらい「重い」のです。1回ダウンロードするとずっとそれを再生し続けてしまう。同じ感情パターンでぐるぐるしてしまうのです。そしてそのままキャパオーバーでフリーズしてしまいます。

少し勇気がいるものですが、自分の感情を無視して抑圧することなく、向き合って分解して最適化して、どんどん軽くしていきましょう。

▼感情を抑圧すると「嫉妬」や「怒り」になる

Mental Skill 11

小さな「感情のサイン」を無視しない

前項でどんどんふくらんでいく感情のモヤモヤをほうっておくと、やがて爆発してしまう、パソコン容量がいっぱいになり、動けなくなる。そんなお話をしました。そうならないための予防策として紹介するのが、小さな「感情のサイン」を無視しないということです。

たとえば仕事でイライラすることがあったとします。「飲み会で憂さ晴らししよう！」、それも「ガスを抜く」という意味では悪いわけではありません。パンパンになっている感情の風船をゆるめることになりますから。

でもそんなふうに、ずっと抱えているイライラを、単純な気晴らしで対応していると、物事は少しずつ大きくなっていきます。

感情はサインのようなもの。このサインは「ちりつも」（ちりも積もれば山となる）で、一つずつは些細なことでも、それぞれの段階の臨界点を超えると、コップの水がいっぱいになって溢《あふ》れだすように、次の段階に進んでいきます。そして日常に影響を及ぼします。

では、サインにはどんなふうに段階があるのでしょうか。次のページの図を見てください。

第1段階 なんとなく嫌な気持ちになります。ほとんどの人がここでは何も対処しません。

第2段階 次に、ちょっとした感情のサインが現れます。この段階で、先ほどお話ししたように、「飲みに行く」「人に愚痴を聞いてもらう」などのガスを抜く行動をする人もいます。

第3段階 小さな出来事が起きます。ちょっとしたことなので、多くの人はこの段階に来ても何も対応しません。

第4段階 いよいよ事件が起きます。ここへ来て具体的に物事が起きるため、自分のサインと向き合わざるを得なくなり、何かしらの対応をします。

第5段階 いよいよ最終段階です。さらなる大きな問題が起きます。ここまで来ると、対応するどころか、現実を変えざるを得ないほどの強制力を持ちます。

サインの5段階

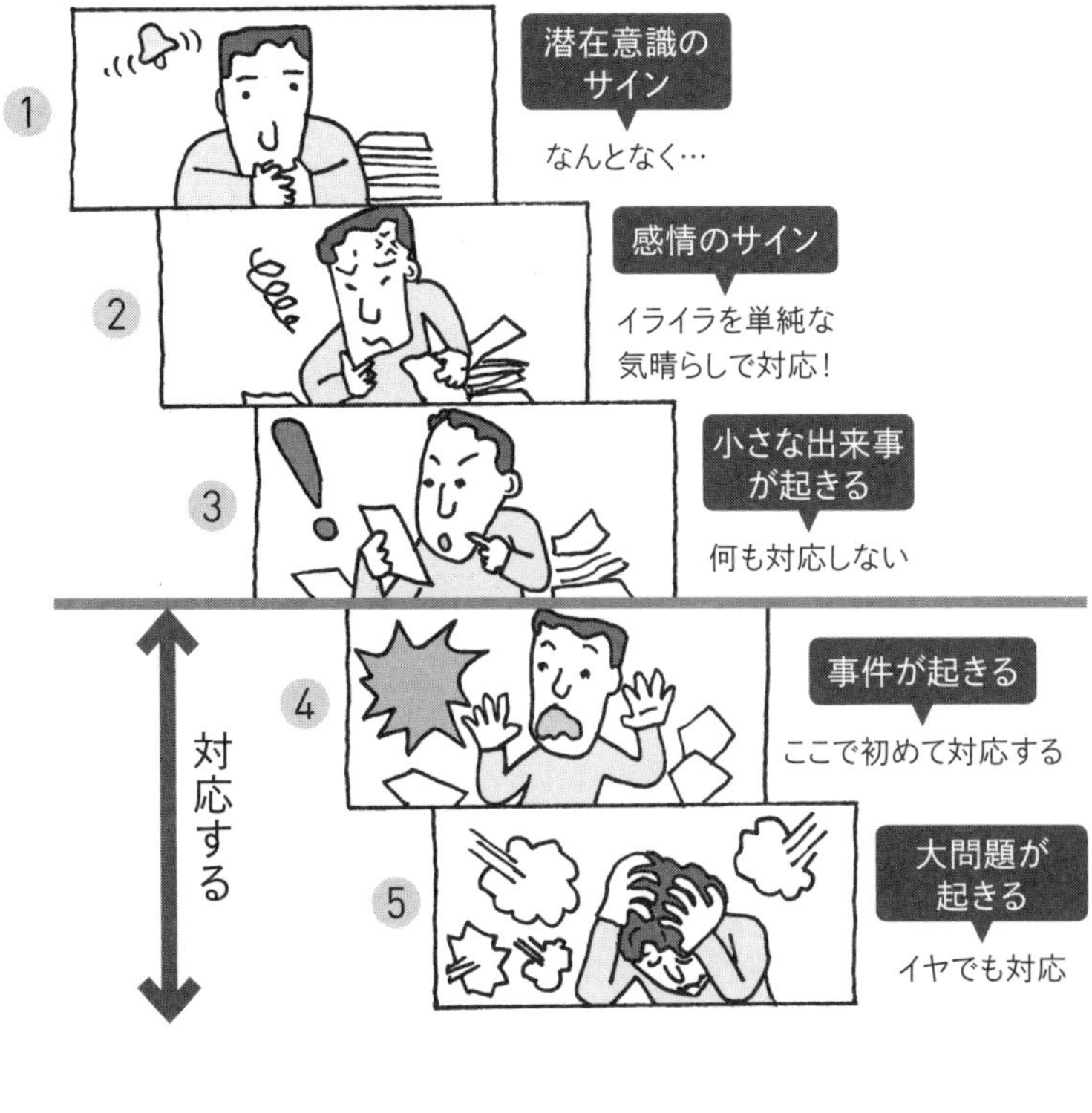

上の5段階のプロセスを経て、小さなことが大きな問題になってしまう。
多くの場合、第4段階から対応するが、
前段階のサインに気づくことで問題は未然に防止できる。

第1段階で気づく人は、まずいません。でも、もしこの段階で気づいたら、防げることはたくさんありますし、職場でも家庭でも人間関係がスムーズになり、生きるのがラクになります。

たとえば上司のことでちょっとモヤッとしたとします。次にイライラして、それを放っておくと、上司が何もしていなくても、もう上司のこと自体が嫌になります。いったん嫌になると、何をしても嫌になって、人間関係が悪くなります。そして、いよいよ会社に行くのが嫌になり、「辞めてやる〜！」となるわけです。

仕事のトラブル、倒産の危機、社員の退職、がんや病気、うつなどの心や体の健康問題、不倫、離婚などのパートナーシップ、子育てなどなど。

先ほどのサインの5段階は、あらゆるケースに当てはまります。自分にとって行動を起こさざるを得ない、向き合わざるを得なくなるまでに、実は段階を踏んでいるのです。火が小さいうちに手を打てば、防げるモノは防げます。

●食中毒を起こしかけた飲食店の問題点

私がコンサルに入った、ある飲食店のケースで説明しましょう。

お父様が急に亡くなられ、修業中だった息子さんが帰ってきて飲食店を継ぐ話になった例です。一緒に店に出ているお母様は以前、私のセミナーで勉強をされた方でした。

お母様は最初、息子の代になったのだから、自分は口出しするまいと思っていたそうです。けれど、息子が店を継いでから、何かモヤモヤするものがあったそうなのです。「あれ?」と思うことはあったけれども、それが何かわからず、息子を見守っていました。変な気持ちを感じたものの、そのままにしておいたのです。

そして小さな出来事が起きました。ある日、厨房《ちゅうぼう》に包丁が出しっぱなしになっていました。またゴミ箱には、生ゴミが入れっぱなしになっているのを何回か発見します。先代である夫は絶対にこんなことはしなかった。毎日ゴミは業者が取りに来てくれますが、息子は「今日は少なかったら、明日でいい」と言います。それから、調味料が調理台の上に出しっぱなしになっていることもありました。

「これはだめだ」と思いつつお母様は、「私が片づければいいか」「ゴミは明日出せばいいか」と、見て見ぬふりをして、何も対応しませんでした。

そして事件は起きます。

何が起こったかというと、店で食事をしたお客様から「お腹を壊した」という電話がきたのです。食中毒の疑いがあり、保健所が店に来て、検査をされることになりました。

結局、食中毒の原因となるような菌は出ず、営業停止は免れたのですが、そこへ来てようやくお母様は動き出しました。私のセミナーで「(感情の)サインの5段階」について勉強していたことを思い出して、87ページの図を見せて話し合ってくださったのです。すでに事件は起きてしまったけれど、営業停止は免れた、今ならまだやり直せる、と。

「サインの5段階」の最終段階に進む手前で話し合えたのです。

すると、息子さんは正直な気持ちを話してくれました。「自信がない」と。

修業中の身だったのに、父親の死で突然呼び戻されて、父親と比べられるし、お客様からは「味が違う」と言われる。周りからは「頑張れ」と言われて、それもプレッシャーに感じていた。人にどう思われているかが気になって、すごくしんどかったと泣いて話してくれたそうです。

息子さんはまだ30歳にも満たない年齢。お母様も突然、夫を亡くしたショックと、息子に何の準備もなく継がせてしまった申し訳なさから、今まで何も言えなかったのです。二人で、ご主人がなくなってからやっと素直に涙を流して、心から話し合えたそうです。

それからお母様は、息子に無理をさせていたのではないかと反省し、「よし、一緒にちゃんと向き合うぞ」と心に決めました。取り返しのつかない本当に大きな事件になる前に気づけてよかった、これはサインだよと、二人で話し合ってくださいました。

私もコンサルに入り、どんなお店にしたいのか、どんな料理が出したいのか、しっかり話し合いをすることができました。

結果、内装も変えて、お父様とはテイストがまったく違う、息子さんがやりたかった創作料理のお店にリニューアルしました。それまでは「お父さんのお店を守らなければならない」と思い込み、どんどんやる気が落ちていたそうです。

リニューアル後は、修業してきたことを生かすこともでき、イキイキと仕事をされています。

▼感情のプロセスを理解し、どこの段階か知っておこう

Mental Skill

12

「感情」と「事実」を切り離す

感情問題を放置しておくと、大きい小さいにかかわらず、何かしら事件が起きてきます。

事件が起こると私たちはその対応に気をとられてしまい、感情問題を置き去りにしてしまいます。そしてまた、解消されなかった感情問題による事件が繰り返し目の前に現れてくるのです。

逆に言えば、**何か事件が起きたら、その裏には感情問題が隠れているということ。**

この事実を知っておくだけで、問題が解決してしまうこともあります。

●小さなゴミが全社員辞職寸前の大事件に

これも、私が実際にコンサルティングで経験した、感情問題を見て見ぬふりをしていたある会社のケースです。小さなゴミ一つから、全社員が辞職寸前の大事件に発展してしまいました。

ある日、知り合いの経営者の方から連絡がありました。

「濱田さん、大変なことになっているんです。社員がそろって辞めます！　辞表を出します！　と言ってきているんです」

大変動揺した様子でこうおっしゃいました。

「頼りにしていた企画部のブレーンも辞めますと言って辞表を持ってきている状況で、濱田さんになんとかこの状況を回避できるようにサポートしてほしいんです」

と懇願されました。そこで半年契約でコンサルをお引き受けすることにしました。

社員がそろって辞表を出すって、どういう状況!?　と思いますよね。

その会社は社長と社員10人ほどの会社だったのですが、10人中、８人が辞めたいと言ってきたそうです。一人一人と個別面談をしていくうちに、なぜ、みんなが辞めたいと思うようになったのか、見えてきました。

最初の事件は、会社の机の上に置いてあるゴミでした。

前日、残業したときに食べたもののゴミを誰かが捨てずに帰り、次の日の朝、そのゴミが机の上にいつも残っている状態が続いたそうです。

普通なら、「あぁ、誰かが捨てるのを忘れたんだな」と、気づいた人が捨てて終わり、ですよね。

この会社では最初のうちは、朝ゴミを見つけた人が「残業の際に出たゴミは机の上に残さず、捨てて帰ってください」と口頭で呼びかけていたそうですが、ゴミの量が少し減ったものの、相変わらず朝出社すると、机の上にゴミがある状況は続いていました。

そのうち、少しずつ事態は大きくなっていきました。張り紙をするべきか否かの議論になり、一体誰がゴミを捨てているのかと、犯人探しが始まったのです。

誰も名乗らずにうつむいている状況で、疑心暗鬼な空気が漂い、社員みんなの気持ちも少しずつ荒れてきて、些細なことで責め合うような空気感に。そんな空気の中で仕事をしていくのが苦痛になり、耐えかねて「こんな会社ではやっていけない」とみんなが思うようになり、全員が辞表を出す事態にまで発展してしまったのです。

私がコンサルに入ったのはこのとき。社内の空気は、まさに最悪でした。

ことの発端は、「誰かがゴミを捨てればいい」というだけのこと。でも、ゴミを捨てれば問題が解決するかというと、そうではないのです。

その裏に社員の感情問題が隠れていました。

ここで行ったのは、**「感情」と「事実」を切り離して認知してもらい、今起きていることの不満の奥にあるものを、みんなで話し合うということです。**

そこで社員一人一人に聞き取りを行いました。そこで明らかになったことは、「わかってほしかった」とか、「こんなに夜遅くまで作業しているのは私なのに」とか、「手柄を取られた」「ありがとうと言ってもらえなかった」「言っても無駄だ」などのいろいろな問題でした。

一つ一つは些細なことかもしれませんが、それが絡み合って、「誰かがゴミを捨てていない」という問題に付随していったのです。

コンサルに入った間、そうした気持ちをきちんと伝えるための交通整理をして、感情問題をクリアにしていきました。

この問題を整理すると、大きく2つの問題がありました。

1 コミュニケーションのルールがなかった

2 個々の作業に対して、共感したり理解してくれる「聴く力」がある人がいなかったそこで私が3カ月間したことは、ひたすらそれぞれの言い分を聴いて共感し、「あなたはそんなに頑張っていたんですね」と言い続けることでした。

「こんなに頑張っているのに」
「こんなに残業しているのに」
「こんな思いで、この会社に就職したのに」

など、一人一人の思いがあります。

みんなが犠牲者精神になっていて、どこかで「受け止めてもらえない」「わかってもらえない」「報われない」という感情が積もり積もって問題を大きくしてしまったのです。

事件が問題ではなく、そこで何を言いたかったのか、わかってほしいことは何だったのかが問題だったのです。

じっくりその人の話を聴いて、共感していくうちに、「感情」と「事実」が切り離され、いつの間にかゴミもなくなり、実は問題ですらなかったことにみんなが気づき、お互いにねぎらう社風に変わっていったことで、会社を辞めるという事態は回避できました。

「排水口が汚れている」と言う夫の本音

次は家庭でのパートナーシップの問題です。

一緒に仕事をしているスタッフの女性の話ですが、「うちの夫、私が忙しいときに限って『排水口が汚れている』って言い出して。もう超面倒くさいんです」と言うのです。「気づいたんだったら、あなたが洗ってよ」と思うそうなのですが……。

彼女も感情問題を勉強していますから、一緒に考えました。

「それってさ、『俺のこと、かまって』って言ってるんじゃない？　問題は排水口じゃないんだよ」という結論に至りました。「そろそろ早く帰って一緒に夕飯食べたら？」と（笑）。

結局は、事件（事柄）の裏にある感情が読み取れるかどうか。

排水口のことを言われたからといって排水口をいくらきれいに掃除しても、根本的な問題（一緒の時間を過ごしたい、話がしたいなど）が解決しないと、きっとパートナーは、「洗濯物がたまっている」「部屋が散らかっている」など、ほかの腹が立つことを見つけてくるでしょう。

パートナーが言いたかったのは、「なんだか最近、二人の時間がないんだけど……」ということなのです。これがわからないと、夫婦の会話は永遠にズレていきます。彼女がしなければならないのは、排水口の掃除ではなく、「早く家に帰ること」だったのです。

これは、仕事も同じです。

問題の根本を考えれば、物事は大きくなりません。逆に根本に気がつかなければ、ストレスはなくならないのです。

▼問題の裏に隠れている感情問題に気づけば、解決する

Mental Skill 13

離職を防止する方法1

Z世代の心理を理解する

第1章でも触れましたが、最近はZ世代で「会社を辞めたい」というご相談をとても多くいただきます。上司の立場からすると、昨日までニコニコしていた若い世代が急に辞めたいと言ってきたといって「何を考えているのかわからない」と悩んでいます。

改めてZ世代とは、1990年代半ばから2010年代序盤に生まれた世代で、2024年現在、20代の方たちはZ世代です。

会社を辞めたい人の8割は感情問題ですが、みんな感情の問題ではない理由をつけて辞めていきます。当たり前ですよね、大人なので「○○さんがいると我慢ならないので辞めます」とは言えません。

半面、たとえば仕事がかなりハードで、残業も多いのに辞めないでいられる現場もあります。その理由の多くは人間関係が良好だからです。要は、楽しいわけです。

逆にいえば、作業のハードさは耐えられても、人間関係のハードさには耐えられない人が多いのでしょう。

実際、やりがいのある仕事や、人間関係に恵まれた仕事をしている人は、作業量のハードさがあったとしても、離職率が低いものです。

では、Z世代はなぜ辞めてしまうのでしょうか。それは、彼や彼女たちが、デジタル世代であることが大きいと思います。

つまり、小さい頃からゲームやスマホになじんできたために、何か不具合があれば、リセットして、電源を落とし、再度再起動をする経験を持っています。

そのため、**嫌なことやモヤッとすることがあれば、「辞める」=「リセット」という選択肢が出てくるのです。**

これは彼らが不真面目なのではなく、この世代の多くは真面目にやっています。仕事だけではなくプライベートも大切にしたいという傾向はありますが、仕事をいい加減にしているわけではありません。

ただ、彼らは頑張らないと！　と育った親世代から、頑張りすぎてつらくならないように、と育てられてきました。だから、行き詰まったときにどのようにしていいかわからず、リセットボタンを押す、という選択をしているだけなのです。

もちろん、本当に壊れそうなら逃げるという選択をすることはとても大切です。体を壊し、心を病んでまで、歯を食いしばって仕事をする必要もありません。

でも知っておいてほしいのは、辞める以外にもスッキリする方法があるということ。仕事を継続しながら、スッキリさせる方法があることを知らないから辞めてしまうだけなのです。

さらにコロナで人との関わりが減ったことで大きな影響を受けた世代でもあります。どれだけリセットしても、いったんゼロになっても、根本的なところと向き合って、環境のせいなら辞める必要がある場合もありますが、もし、自分に同じようなパターンが繰り返されているならそこに気づかないと、次の職場に移っても、同じパターンを繰り返してしまうことを伝えていかなければなりません。

「前の会社って、どんな会社でしたか？」

嫌な上司がいて会社を辞めてリセットしたとします。でも、次の会社でまた同じようなタイプの上司に巡り合ってしまう。職場をかえても、部署が変更になっても、なぜか、同じタイプの人間が現れてくる。そして同じように人間関係で悩んでしまう……。

これはなぜでしょうか。「世の中がそうだから」「社会って、そういうものだから」と言う方もいますが、必ずしもそうではありません。

一度、そうぼやく方に「あなたの見ている世界は、プロジェクションマッピングと同じですよ」とお伝えしたことがあります。プロジェクションマッピングのように、建物に映像を投影したものを見ているようなものなのです。

いくら建物を変えても、映し出す映像が変わらないのと同じで、会社を変えても同じような人が現れ、同じようなことで悩むのです。

採用のときに、「前の会社って、どんな会社でしたか？」と聞くことがあります。目的はその人がどんなふうに前の会社のことを言うのか観察すること。どんなふうに以前の体験を捉えているのかで、その人がわかります。

「上司が〇〇で、それが嫌で辞めました。本当にひどい会社でした」と言う人と、「上司が〇〇でそれが問題で辞めましたが、そこで、自分はこのようなことを学べました。今では感謝しています」と言う人がいたとします。

どちらが次にいい上司に巡り合えるかはわかりますよね。

最初の人は自分の世界を繰り返し投影し続ける可能性が高いのです。

同じ状況で同じ環境下にいるのに、「私は周りの人に恵まれていて幸せ」と言う人と、「私の周りにはいつも、意地悪な人が現れる」と言う人がいます。

よく考えたらおかしな話です。同じ人を見ても、その人のいい面が目につく人と、悪い面ばかりが目について、実際に他者とぶつかってしまう人がいます。これって、もうその人自身が持つパターンなのです。

つまり「自分がどういう面に光を当てているか」ということ。自分のことだけに、なかなか気づくのが難しいのですが、同じ問題がいつも自分の周りにあるかどうか、これに気づくことだけでも大きな一歩になります。

▼「イヤならすぐ辞める」のは仕事関係のリセットが第一の解決策と思っているから

Mental Skill 14

離職を防止する方法 2
人間関係のパターンを変える

前項で「あなたの見ている世界は、プロジェクションマッピングと同じです」とお伝えしました。人間関係が嫌で会社を辞め、新しい職場で新しい人間関係を、と望んでも、やっぱり同じ人間関係に苦しめられる……。

それはあなたが運が悪いわけでも、社会が悪いわけでもなく、「あなたの（ものの見方の）パターン」なのだとご説明しました。

さらに**人間関係にもパターンがあります。そのパターンに気づかなければ、同じことが繰り返されるのです。**これは仕事でなくても同じ。

たとえば、いつも彼氏のタイプが同じ人っていませんか。いつも私が尽くして振り回されてばかり、いつもダメ男（ダメ女）ばかり、などなど。

●「脅迫者」「被害者」「尋問者」「傍観者」

他者との関わりにはパターンがあります。パターンは大きく分けると「脅迫者」「被害者」「尋問者」「傍観者」があります。それぞれ簡単に説明すると、

- 脅迫者……支配することによって納得しようとする
- 被害者……罪悪感を抱かせることで注意を引こうとする
- 尋問者……不安から尋ねる
- 傍観者……情報をシャットダウンする

たとえば圧の強い上司は「脅迫者」です。「俺の言うこと聞かないと、どうなるかわかっているだろうな」(口に出すか出さないかにかかわらず)という態度で、人からエネルギーを奪います。

逆にいつも怒られてばかりでおどおどとおびえている部下は「被害者」です。

私はこのパターンを、凸凹《デコボコ》で説明しています。

人間は誰でも、相手の注意を引きたい、愛情がほしいという思いが原点にあります。脅迫者は凸る（以下、デコる）ことによって注意を引きますが、一方の被害者は、凹る（以下、ボコる）ことによって注意を引きます。そう、おびえることでも注意を引いてしまうのがボコタイプになります。

たとえば、窓口業務の女性で「クレームが来るのではないか」「怖い、怒られる！」といつもビクビクしていると、本当にいつも怒ってくるようなお客様が引き寄せられることがあります。

尋問者―傍観者のご夫婦のパターンでは、妻が「あなたどこにいるの？　何しているの？　いつ帰ってくるの？」と尋問してデコります。

尋問されまくると人はどうなるかというと、傍観者となって、もう何も伝えたくなくなります。つまり、ボコって情報をシャットダウンするようになるのです。

シャットダウンも実は、注意を引く行為です。情報を伝えなかったり、無視されたりすると、かえって気になります。「教えない」と言われると、「教えて！」となりますよね。

無視というのは傍観と一緒で、究極は最も傷つける行為だったりします。ケンカをしたときにダンマリを決め込むようなタイプは傍観者です。

人間関係の凸凹4パターン

一見、「脅迫者」や「尋問者」のデコになっているほうだけが、ボコっているほうからエネルギーを奪いまくっているように見えますが、「被害者」や「傍観者」も、愛や注意を得るために、パターンを変えて他者から奪おうとしているわけです。

このパターンがわかると、自分の中で繰り返されているパターンにも気づきやすくなります。そしてそれぞれのパターンがループのように続き、環境が変わっても同じような人が現れるのです。

だから気づいた人から関係性をフラットにするように意識する必要があります。

一人の人がいつも同じタイプではありません。人は場面によって複数のパターンを持っています。またこれらがまじり合って演じられていることもあります。

たとえば、上司とあなたの関係が脅迫者—被害者であったとしても、あなたは誰に対しても「被害者」ではないはずです。

子どもに対しては、あなたが尋問者、子どもが傍観者かもしれません。「勉強したの？　誰と遊んでいたの？」と子どもに問いただし、思春期の子どもが黙り込む、あのパターンです。

同じ人でも、その相手によって、その状況によって、4つのパターンは変わり、誰もが４つのすべての要素を持っているのです。

すぐ辞める若者が繰り返していた「ボコるパターン」

これもまたZ世代の例です。「会社を辞めて次の転職先を見つけたい」と相談をされました。「何回辞めたの?」と聞くと、「3回目です」と言います。

実はお母様から「息子が１社に半年ほど勤めると辞めてしまうので相談に乗ってほしい」と頼まれて、私のところに来たのです。

なぜ辞めてしまったのか理由を聞くと、「いつも話を聞いてくれない人がいる」と言います。どういうことかというと、相手が話してばかりで、自分は聞き役ばかりだ。「うん、うん」と聞いているうちに苦しくなって、それが半年続くとたまってきて、辞めてしまうというのです。

「それって、あなたの人生で何回もあったパターンではないですか？」と私は聞きました。彼は「傍観者」でボコる人、つまり、自分から情報を与えないタイプ。そうすると、相手はどんどんデコってきます。「わかってる？　わかってる？」「ねえ、聞いてる？　聞いてる？」というように。おそらく息子の相談を依頼してきたお母様も家庭で彼に尋問してデコっていたのではないでしょうか。

だから、彼は話して理解してもらうのが面倒くさくなって、情報をシャットダウンします。同じように、職場でも上司に、同僚に、情報をシャットダウンしてしまったのでしょう。

彼が何も言わないから、相手は「もっと問いたださないといけない」となるのです。どんどんデコられて、彼は耐えられなくなって辞めてしまう。

それがわかったので、「今の職場で、ボコること、つまり黙ってしまうクセだけでも変えてから辞めてみては？」と提案しました。せっかくお給料をもらっているのだから、その間に自分のパターンだけ変えてから辞めても遅くはありません。

必要な情報は、きちんと相手に渡すクセをつくらなければ、転職したところで同じです。

具体的には、上司に報告するようにしてもらいました。それまでは「どこまでやった？」「お客様と今どういう話をしているの？」「何時に行ったの？」と尋問されまくっていたのです。

これは、上司がしつこいわけではありません。彼が何も言わないから、不安なのです。彼のことが心配で不安で、まかせたことを詳しく聞きたくなってしまうのです。

彼はそれがわかっていなかったから、ただボコってくる上司に辟易《へきえき》していました。でも上司の立場からしたら、聞きたくなるのもわかります。その上司の心理を彼に想像してもらう練習をしました。

「何を報告したら上司が安心すると思う？」と私が聞くと、「進捗《しんちょく》状況を言ったらいいんですかね？」と彼。「わかってるじゃない！　わかっているのになぜ言えなかったの？」と感情を掘り下げていきます。

すると、「なんか怖かった」と。責められている気がして、できていないと追及される気がして言えなかったのです。

これは実は根深い問題で、彼がミスを指摘されたら怖いと思ってしまう心理は、子どもの頃から親がデコりがちで、自分の間違いを探されている気がしていたところにありました。つまり、尋問者がお母様から上司に変わっただけだったのです。

そこまでわかったら道は開けました。それをそのまま伝える練習をしたのです。上司にＬＩＮＥで、

「自分はいつも怒られてきたので、何か間違っているところがあると指摘されてしまうのではないかと怖くて、なかなか言えないです。でも、できるだけ報告を細やかに

したいと思っています」

と伝えました。口で伝えられないからＬＩＮＥで、というところがＺ世代らしいのですが（笑）、このことを伝えることができたのは、大きな成長です。

驚いたのは上司です。「えっ、それが怖かったの？」という話になり、「わかった。怒らないから言って」と返事をくれたのです。

上司も「〇〇と〇〇については、報告してくれないと不安なんだよね」と具体的に示してくださいました。

それから2年たった現在、彼は会社を辞めることなく、同じ職場で働いています。

▼繰り返してきた人間関係のパターンがわかると、乗り越えられる

Mental Skill 15

自分と他人の間に「心の境界線」を引く

私はよくセミナーの中で「過去と他人は変えられない。変えられるのは、今ここにある自分だけ」というお話をします。

要は、**自分の感情問題は分解できる**ということです。

相手の問題は相手の問題だと境界線を引かない限り、一つ間違えれば、どんどんおせっかいになってしまうこともあります。

よく、相手の問題にどんどん踏み込んだ結果、巻き込まれ、さらに問題を大きくしてしまう人がいます。これは自分と他人との境界線を失ったときに起きるのです。

先ほど解説したデコタイプ・ボコタイプでいえば、相手の問題にデコってかまいすぎている人はこれです。「何かやってあげなくちゃ」と過干渉になると、相手は疲弊します。親子関係などでもよく見られるケースです。

たとえば、「例の企画の件、大丈夫でしょうか」「今、どういう状況ですか」と上司に聞きまくるのは、不安だから、自信がないからです。何が不安なのか、自分の感情を分解して、境界線を引く練習をする必要があります。

逆にボコタイプはボコタイプで、振り回されて疲れてしまいます。境界線を見定められないと、ボコタイプはどんどんしんどくなってしまいます。

境界線を引くということは、デコるでもなくボコるでもなく、「いやいや、それはあなたの問題でしょ?」とフラットな状態にすることです。

今は押し返すべきなのか、そっとしておくべきなのか。これを俯瞰《ふかん》することができたら、傷つくことが減ります。

●境界線を引けば「他人に振り回されない」「傷つかない」

これが完全にネガティブなパターンとして起こっているのが、「誹謗中傷《ひぼうちゅうしょう》」です。SNSで誹謗中傷をされて傷ついたり、ひどいケースでは自ら死を選んでしまったりする悲しい事件が後を絶ちません。これも、感情を分解し、自分と誹謗中傷をしてきた相手との間に境界線を引くことができれば、むやみに傷つくことはないのです。

誹謗中傷は、相手の問題の中に勝手に踏み込んでいく行為。実は誹謗中傷される側にはまったく関係ないことであり、本来は誹謗中傷する側で起こっている問題です。

誹謗中傷する人たちの中には、ある種の抑圧された感情を持っている人が一定数います。

これまでお伝えしたような、パソコンの容量がいっぱいの状態であり、抑圧されたモヤモヤが風船のように膨らんでいる状態です。その膨らんだ風船を、たまたま針で突いて割ってしまったのが、誹謗中傷される側の人だったというわけです。

モヤモヤの風船の中身は人それぞれですが、たとえば「もっと認めてほしい」という承認欲求や、「自分のほうが優れている」といった優越感や嫉妬などがあるでしょう。

つまり、たまたまAさんが風船を割ってしまえばAさんが中傷され、Bさんが割ったらBさんが中傷される、というだけのこと。そう、ちょっと運が悪かった、あるいはタイミングが悪かっただけなのです。

たいていの誹謗中傷問題は、３カ月もすれば忘れられてしまいます。「これはやむ雨だ」ということをわかっておくことが大事です。雨は必ずやみます。誹謗中傷する側は、いつも次の刺激剤を待っています。だから、決して反応してはいけないのです。

反応してしまうと、誹謗中傷する側は「認めてくれた」と感じます。

それこそがその人たちが求めていたもの。わかりやすく言えば、「このやり方が当たった！」「このまま進んでＯＫ！」ということで火に油を注ぐことになり、エスカレートしていきます。

反応しない＝無視する、スルーすること。そうすることで、彼らに刺激となるネタを与えないことが、最も早く沈静化させる方法です。

そうはいっても、いざ誹謗中傷されてしまうと、「そうじゃない！」「なんでこんなことを言われなくちゃいけないの？」と頭がいっぱいになってしまいますよね。

でも、何か反応したくなってしまったときは、ぜひ、冷静に「これは私の問題ではない」と気づいてください。

「この人たちは、ただ自分の言葉や行動の一つをきっかけにしているだけで、私を批判しているのではない。何か違うことに怒っているんだな」と捉え方を変えましょう。

▼それって、私の問題？　あなたの問題？　ちょっと見方を変えるだけで新しい人生がひらける

Mental Skill 16

書いて「感情のガス抜き」をする

過去にされた嫌なことが忘れられず、ずっと記憶に引っかかってしまう。あるいは過去に失敗してしまったことを繰り返し繰り返し思い出してしまう。こんなふうにネガティブな感情を伴う記憶は、一度浮かぶと何度も反芻《はんすう》してしまうことがあります。

「なんであの人はあのとき、あんなに嫌なことを私に言ったんだろう」

「どうして私はあんなひどい態度をとってしまったんだろう」

たまった感情はパソコンでいうならメモリをたくさん使います。いつまでもぐるぐる考えて嫌な気持ちでい続けることは、アプリがずっと動いているようなもの。メモリがどんどん使われるばかりで、やがてパソコンも動かなくなってしまいます。しかも、事態は少しも変わっていません。

これまでも、感情を分解するなど、容量を空ける方法をお伝えしてきましたが、そのほかにも容量を空ける方法があります。

それが感情のガス抜きをする方法。自分の中に湧き出てくるネガティブな感情を、紙にひたすら書き出すワークをします。いったん、たまったガスを紙の上に吐き出すのです。感情を吐き出すことによって、空き容量を増やします。

紙の上のことだけですから、他人にぶつけるわけではありません。だから、何を言ってもいいし、どんな罵詈雑言を書いてもいいのです。

たとえば、怒りの感情がたまっていたら、「私のことを知りもしないくせに○○なんてよく言えるわ！」「アホ、ボケ！」などというのはまだかわいいほう。ここにはとても書けないようなことを、遠慮なくどんどん書きましょう（やり方は122ページ参照）。

●怒りの感情が消えた「怒りの感情を書き出すワーク」

仕事中によく居眠りをしていた上司がいて、ムカムカと腹が立っていたという女性に、このワークをやってもらいました。

「こいつ寝てばっかりいるくせに、私より給料高いなんて○○！」

と思い切り書き出してもらいました。そしてワークが終わって、改めて会社で上司と接したところ、なんとその上司がお母様の介護中で大変だったことがわかりました。「ああ、そうだったのか。それは大変だな」と怒りが消えていきました。

これは、書き出すことで、なぜか上司の介護の事実がわかってしまった、という魔法のような話ではありません。

書き出したことで、その女性の容量に空きができ、上司とじっくり話すことができるようになりました。その結果、上司の背景がわかり、大変な状況を察することができたのです。**容量に空きができると、視点が変わります。**

もし、ムカムカしたままの彼女だったら、同じように事実を知ったところで、「介護が大変なのはわかるけど、なんとかするべき」とか、「それでも居眠りするって上司として、どうなの？」などと思っていたかもしれません。

思いやることができたのは、感情のガス抜きができていたからです。

もう一人、圧の強い上司に悩まされていた男性にも、書き出すワークをしてもらいました。

「もう本当にイライラするわ！」「あなたのせいで仕事がはかどらないじゃん」「もういい加減にしろよ！　○○」など、言ってはいけないくらいの悪口を書き出してもらいます。

感情のガス抜きをして容量の空きをつくることが目的なので、遠慮は無用です。遠慮をすると、いつまでたってもガス抜きができません。視点が変わったと感じるまで書きましょう。

視点が変わると、「でもさ、100%悪いわけじゃないよね。少しはいいところもあるし」という視点が出てきます。

視点が変わっていないのに、無理に感情を抑圧したまま、「いい人だとわかってあげないといけない」などと思うと、また怒りが噴出してしまいます。

中途半端なところで抑圧すると、よけいに相手のことが嫌いになってしまいます。だからこそ、いったん、ここまで毒づいていいのかと思うまで毒づくのです。

いくらいいアプリをたくさんダウンロードしていても、容量がいっぱいいっぱいだと、立ち上げる状態になりません。

感情のガス抜きをして余裕ができたとき、初めて視点も変わるのです。

▼「感情を書き出すワーク」で容量が空くと視点が変わる

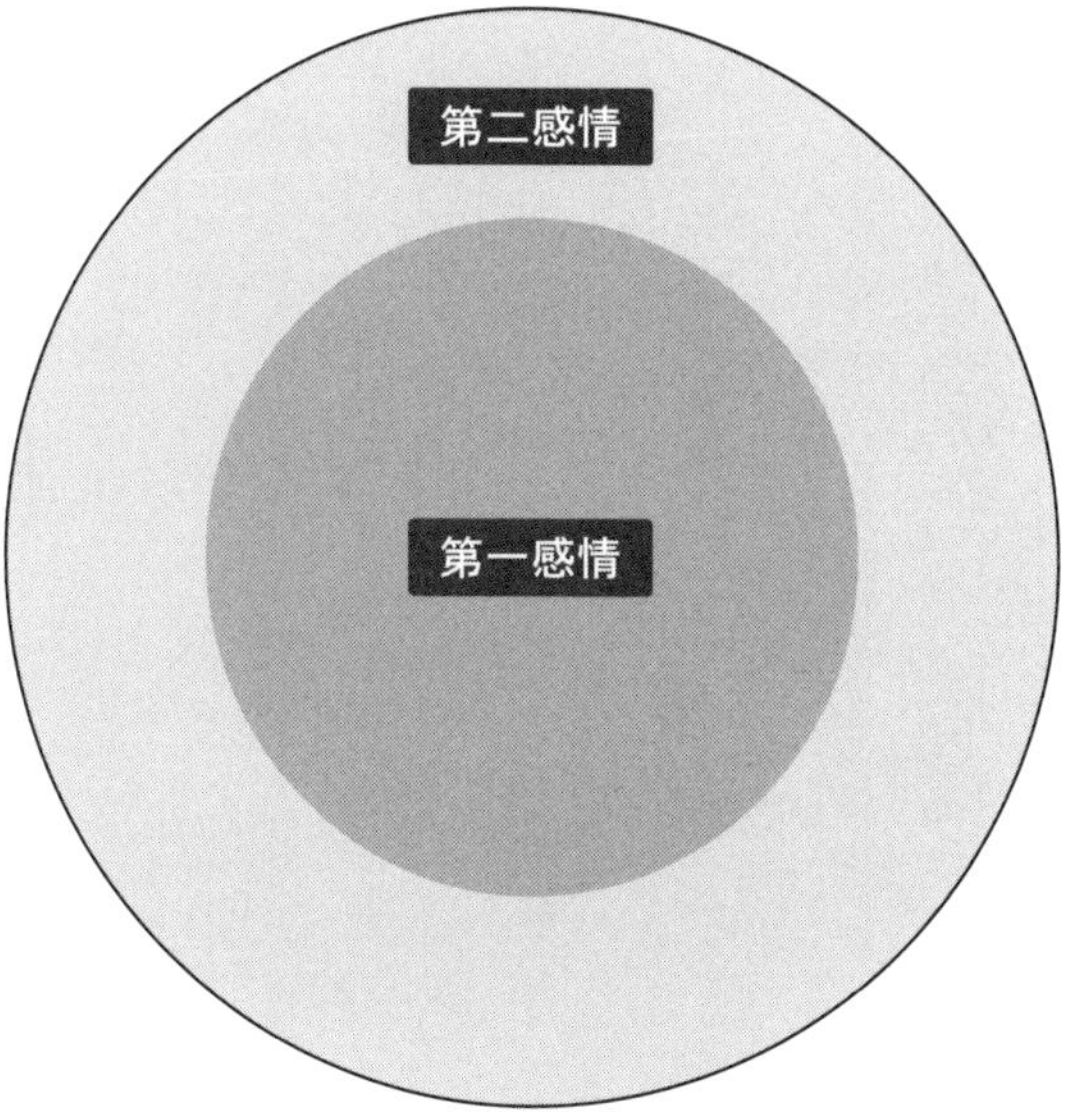

まとめのワーク①
感情分解のワーク

実際に感情を分解してみましょう。

① 最近、仕事や日常でイラッとした他人の言動はありますか？

② その人はなぜそのような行動を取ったと思いますか？　想像してみましょう。

たとえば遅刻した人がいたら、「イライラする」という反応ではなく「もしかしたら朝に忘れ物をしたのかなあ」「もしかしたら小さなお子さんがいるから、朝、家を出るのが遅くなったのかな」と想像できるようになります。そう思えるだけで、イラッとこなくなります。

3 次に、そのときの自分の第一感情がどのようなものなのか、自分の内側にどんな気持ちがあったのかを書いてみましょう。

「悲しかった」「認めてほしかった」「価値がないと感じた」「バカにされていると思った」など、思いつくものをいくつも書いてみましょう。

4 自分の第一感情に気づいてみて、改めてどのように感じましたか。

まとめのワーク② 感情を書き出すワーク

紙とペンを用意します。

1 今抱えているイライラすること、イライラする人などについて、その感情を包み隠さず思いっきり書いてみましょう。

人に見せるものではないので、どんな言葉でもかまいません。言いすぎかな、相手がかわいそうかなと思うくらい書くのがポイントです。

2 思いきり吐き出したあと、ちょっとスッキリする感じがすると思います。スッキリして、視点が変わるまで書き続けましょう。

視点が変わったかどうか、必ず確認してください。

ただし、長時間にわたって書き続けるのは、嫌な思い出がどんどん出てきてしまうためNG。タイマーなどを使って時間は3分間までと決め、短時間で吐き出し、感情を出しきるのがコツです。

3 書き出したら読み直し、大きく×（バッテン）をつけて、紙を破って捨てます。

第3章

〝伝え方〟ひとつで結果が大きく変わる

自分の考えや気持ちを上手に「伝える」スキル

ビジネスにおいても、プライベートにおいても、伝え方ひとつで関係性や物事がうまくいくかが、大きく変わります。

前章でしっかり相手の気持ちを聞き取ることができるようになると、次は、相手を尊重しながらもきちんと自分の考えや気持ちを伝えるというスキルをご紹介します。

Mental Skill 17

相手のスピードに合わせたコミュニケーション

前に次々に指示を出してしまう上司の話をしました（33ページ）。

部下が「わかりました」しか言えないと、仕事がどんどん上積みされていくので、手がまわらなくなっていきます。結局、どこから手をつけていいのかわからなくなり、突然仕事を辞めたくなる、というケースも増えています。

この例からもわかるように、上司はやらないといけないことがいっぱいなため考えずに指示を出し、部下は自分の状況を説明できず、何も言えずに受け止め続けてしまうことがよくあります。同じことは、どんな業種でもありそうですよね。

このようなケースのお話をすると、よく上司の立場のクライアント様に、「自分、これ、やっちゃってました（どんどん考えずに指示を出していました）……」とおっしゃる方がいます。

とくに仕事ができる頭のいいタイプの方は、どんどん発想が出てきたり、思いついたりしてしまうため、次々にやらなければならないことが出てきて指示をしてしまうのです。

指示を出された実行部隊の部下のほうは、たまったものではありません。「あれもやらなくちゃ、これもやらなくちゃ」と、やらなければならないことがたまってきて、一人で抱え込み、もう嫌になり、いきなり辞めたくなるのです。

しかも、最近はオンラインでのやりとりも多く、相手の状況がわかりにくく、部下がいっぱいいっぱいであることに気づきにくくなっています。

ミーティングの場での雑談がなくなってきており、用件のみの話し合いが、粛々と進んでいます。そんな中、状況をお互いに把握するのが難しいのです。そのせいで、よけい離職が増える可能性もあります。

さらに言いますと、仕事のスピードは、本当に人それぞれで、仕事の進め方にも特徴があります。

私はよく仕事のやり方には、人によって「拡散型」と「収束型」があるという話をします。それぞれ次のような特徴があります。

拡散型　発想は豊かでスピードも速いが、後始末が苦手。

収束型　後始末はきっちりやるが、それゆえにスピードや理解力が遅い。

多くはこの二手に分かれることを知っておいてください。

拡散型と収束型は、どっちがいい・悪いではありません。大切なのは、適材適所であるかどうかです。それだけでストレスは激減します。

たとえば部下が「収束型」であるにもかかわらず、上司が「拡散型」で次から次へと指示を出してしまったら、ストレスがたまるのは当然のこと。

実際、自分はどのタイプか、相手はどのタイプかを確認してみてください。チームで仕事をするなかでも、拡散型と収束型のバランスや役割を考えて組み合わせると、全体のパフォーマンスがアップします。

職場の都合ですぐに適材適所へ、というわけにもいかないにしても、人には拡散型と収束型があり、「スピードが速いタイプと遅いタイプがいる」と知っておくだけでも、部下との接し方が変わり、部下のストレスも減るはずです。

拡散型の上司は、収束型の理解の遅さにイライラすることもなくなるでしょう。

面白いのが、職場と家庭ではタイプが違うケースが少なくないことです。家庭では収束型の人が、仕事では拡散型だったり、その逆もあったりします。

家ではアイデアを出したり好きなことを言ってのびのびしている。だからこそ、職場では後始末をするタイプになっていたりすることもあります。

▼「スピードが速いタイプと遅いタイプがいる」と知っておくだけで部下へのストレスが減る

Mental Skill

18 「意見を言う」前に「受け止める」

ここでコミュニケーションの原点の話に戻ってみましょう。

人と人との会話の根底には、「私を認めてほしい」という思いがあります。

他者との関わりから得られる刺激のことを「ストローク」といいます。

ストロークは、アメリカの精神科医であるエリック・バーン博士が提唱した交流分析という心理療法で重視されているもので、「あなたがそこにいるのを私は知っている」という〝相手の存在を認めて行う働きかけ〟のことです。言葉かけや態度によって相手の存在を認めて行う、すべての人との関わりを意味します。

直接体に触れるコミュニケーション、たとえば、肌に触れる、なでる、さする、殴る、つねるなどのほかに、言葉を交わすメッセージや、表情・動作・態度・声の調子など非言語のメッセージがあります。

私たちは誰しも相手の興味を引きたい、自分がこの世に存在していると確信したい、認められたいと願っています。他者からストロークを得るということは、その証ともいえます。相手から〝反応〟が得られれば、うれしいものです。

人は「自分の存在を肯定的に認めてほしい」がために、常にストロークを求めています。

肯定的なストローク（プラスのストローク）とは、受け手が心地よく感じる言葉や態度による働きかけです。一方、否定的なストローク（マイナスのストローク）とは、受け手が不快に感じる言葉や態度による働きかけです。

ストロークがプラスかマイナスかを決めるのは、あくまでも「受け手」のほうであることがポイントです。

いくら自分がプラスのストロークを与えたつもりでも、受け手が不快に感じてしまったらマイナスのストロークになります。また、自分はそんなつもりはまったくなくても、何気なく言ったひと言や態度が、受け手を傷つけていることもあるかもしれません。

相手にプラスのストロークを与えたいと思ったら、相手をおもんぱかり、相手の気持ちを想像してみることを大切にしましょう。

●その言動、「私を認めて」と言っているだけかもしれません

「存在を認めてほしい」「反応してほしい」という思いが根底にあることによって、コミュニケーションのパターンが生まれます。

それが、前に紹介した「脅迫者」「被害者」「尋問者」「傍観者」であり、その関係性は凸凹（デコとボコ）で表されます。

あるクライアントの女性は、自分が家庭で尋問者（デコ）で、夫にデコっていたことに気がついたそうです。

「夕飯は用意しておいたほうがいい？」「今日は何時頃に帰るの？」など、仕事中の夫にＬＩＮＥを連発していたそうです。夫からの返信が短いと「そっけない」と言って怒り、長いと「要点がわかりにくい」と言って怒っていたそう。

あるとき夫からの返信がまったくなくなりました。問いただすと、「何を返信しても怒られるから、もう返信しなくてよくない？」と言われ、大ゲンカに。

セミナーで学んだ彼女は、自分の本当の気持ちに気がつきます。いろいろな理由を

つけて夫にＬＩＮＥを送っていたのは、「自分が注意を払われていないこと」が寂しかったのだと。**注意を引きたいから、デコる。相手は嫌になってボコる。**

人とコミュニケーションをとるときに、表面に見せている言葉や態度に反応をしてしまうと、どんどん本質からズレていきます。

目の前の人はただ〝私を認めて〟と言っているだけかもしれません。

話の内容がどうとか、話の筋が通っているかどうかということより大事なのは、「相手に存在価値を認めてもらっているかどうか」ということが往々にしてあります。

言った、言わないはあまり意味がありません。それよりも、本当は何が言いたかったのか、相手はなぜそれを言うのか。それだけに集中したほうが、ラクに生きられますし、人間関係もスムーズになります。

「相手を受け止める」リアクションで関係が変わりだす

もう一つ、社長と部下がデコ同士だった例を紹介しましょう。

社長からの依頼でコンサルに入った会社で、社長と直属の部下のＢさんがしょっちゅう言い争いをしています。ひと言でいうと、「雰囲気が悪い会社」でした。

社長からは「給料を払っているのに、いつも自分が否定されているように感じる。どうか教育してほしい」と言われましたが、部下のBさんのほうに話を聞くと、「何をしても否定される。話を聞きもしないで論破してくる」と言います。

Bさんから、「常に戦っている感じになってしまうので、社長との効果的なコミュニケーションのやり方を教えてください」と頼まれました。

私は「ものは試しなんですけど、社長が何か言ったら、とにかく最初に〝はい、なるほど〟と納得したふりだけしてください」と提案しました。

これは、「あなたを受け止めています」というストロークを返すことを意味します。いったん受け止めたら、そのあとは思いっきり反論してかまわない、ただその前に受け止める、という作戦です。

実は、社長のほうにもBさんと話をするときに、いきなり畳みかけるように話をしないで、一拍置いて「なるほど」と言ってみてください、と提案していました。お互いにそのルールを徹底してもらったのです。

そうしたら、どうなったと思いますか。急に関係が変わったのです。

まず、「急に耳が聞こえるようになった」と言いました。どういうことかというと、相手の話を一拍置いて受け止めるルールにした途端、相手の話を咀嚼《そしゃく》することができるようになったのです。「なるほど」と言うだけで、話しているほうは攻撃されていないと感じるため、話しやすくなります。

今まで二人はデコ同士でお互いに引くことができませんでした。だから、同じパターンを繰り返していたのです。

でも、相手の話をいったん受け止めることで、展開が変わり、いい方向につながりました。いつものパターンと違うやり方はなんだろう？　と模索してみることも、大切なコミュニケーションの方法です。

▼“論破”は無意味。相手の存在価値を認めるコミュニケーションを

Mental Skill 19

真面目に話を聞いて、なんとか解決しようとしない

真面目に話を聞きすぎる人がいます。

あなたの周りにもいませんか。もしかしたら、あなた自身にもそういう面があるかもしれませんね。このような人の特徴は、真面目で一生懸命な人。常に相手に気をつかって、機嫌よく対応してあげようと頑張る人です。

ところが、機嫌よくしたい気持ちとは裏腹に、だんだん不機嫌になっていきます。相手の話を全部聞かなければいけないと思っているので、疲れて不機嫌になってしまうのです。

「絶対私、職場の人に悪口を言われています」と相談してきたのは、40代後半のCさん。そのつもりはないのに、自分はお局《つぼね》さまみたいになっている、みんなに嫌われている、と怒っていらっしゃいます。でもCさんご本人はとても誠実に仕事をやっています。

心の筋トレ「マインドワーク」のすすめ

本書でお伝している内容は、私が日々お伝えしているマインドワーク®のメソッドの中で、とっておきのものをピックアップして、ご紹介しています。

マインドワーク®とは、カウンセリングとコーチングを融合した行動変容のための心理プログラムです。

成長して前に進みたいと思った時、自らすぐに動けて方向性や目指すものがクリアな人（コーチングが有効な人）が20%と、今悩みの最中にいる人（カウンセリングが有効な人）が約20%います。マインドワーク®は最も割合の多い60%に有効です。

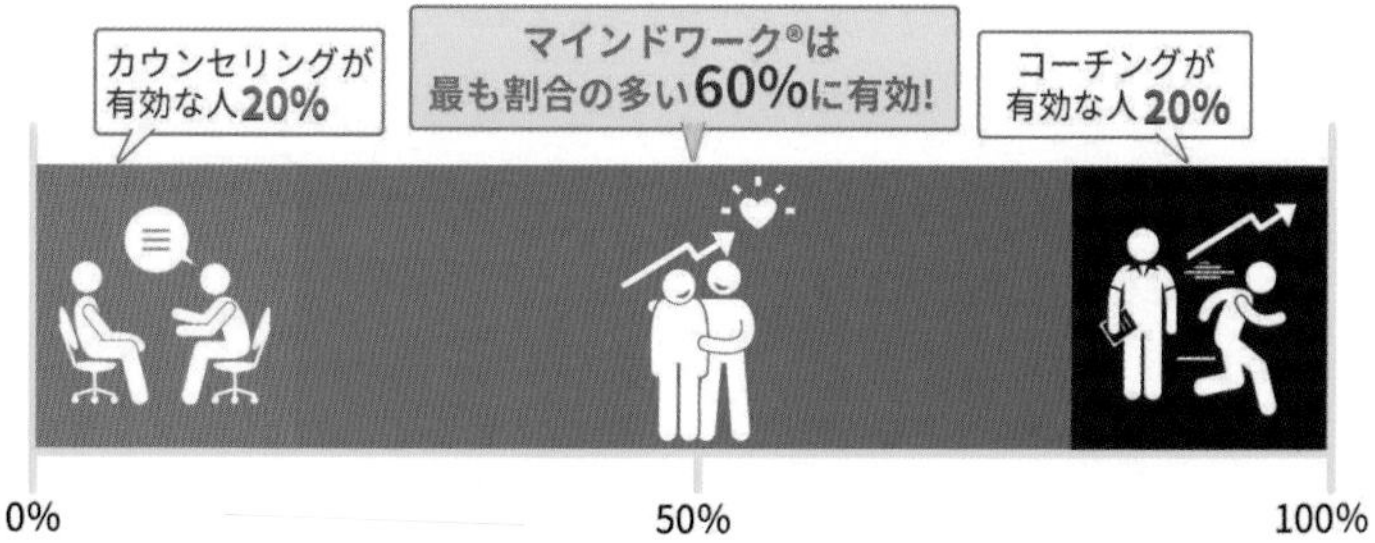

コーチングとカウンセリングの間の領域にポジションします。

マインドワークは潜在意識(記憶と習慣のデータバンク)と脳の仕組みを理解することで自身の思い込みの「パターン」に気づき、視点を変えることができる「最小限の労力で最大限の効果が得られる」心理トレーニングです。

彼女がなぜ疲れてしまうのかというと、人の話を全部聞くだけでなく、それをなんとかしようとしていたからです。

Cさんは職場で何か困っている人がいると、解決してあげようと動きます。時にはアドバイスもしてあげます。

たとえば後輩が会社の愚痴を言っているだけなのに、「なんとかならないかな」と、つい真面目に考えてしまうのです。相手はただ感情を吐き出しているだけなのに、全部拾って、自分の背中に乗せてしまうようなイメージです。

そもそもなんとかするのが自分の役目だと思っている人がいます。誰もCさんに「あなたがやる必要はないですよ」などと言ってくれません。

なんとかしようとすると、手抜きができないのでイライラして不機嫌になり、挙句の果てには怒ってしまう。だから、いつも一生懸命なのに誰からも喜ばれないのです。

真面目な人によく見られるのが、怒って会社の批判ばかり言って辞めていくパターン。自分で怒って勝手に疲れて辞めてしまうのです。自分のことだけでなく、誰かのためにも怒っていたりするので、よけいに疲れてしまいます。

Cさんには、基本的に「なんとかしようとしない」ことをルールにしてもらいました。

なんとかしようとしても、結局、なんともできないものに一生懸命になっても、ただ疲れるだけです。

その出来事が本当に対応が必要なことなのか、そうではないのか、ただ話を聞いてあげるだけでいいのか、それを見分ける練習もしました。

すると、途端にラクになりました。コントロールをしなくなったからです。

すべて自分で解決しようとすることは、人や物事をコントロールすることと同じです。

Cさんのような人は、コントロールを手放すことが大事になります。生真面目な人だけに、すべてにおいて責任を感じてしまうので、いつでも気が重かったのです。肩の荷が下りたのですね。

しかも、「体の痛みがなくなった」とCさん。会社から帰宅するとくたびれて、体の節々が痛かった。それが軽くなったそうです。

この話には、さらにポイントがあります。

Cさんの**心の根底には、人のために動いて、問題を解決することで「自分を認めてほしい、わかってほしい」という気持ちがありました。**

おそらく職場で認めてもらえていない、正当に評価されていないという気持ちがあったのでしょう。それが必要以上に周りの世話を焼く行動に走らせてしまいました。

Cさんに対して、社員の誰かが感謝のひと言を伝えることができていたら、もっと早くコントロールを手放せたかもしれません。

▼「コントロールを手放す」とラクになる

Mental Skill 20

「問い詰める」質問から「安心感を与える」質問へ

デコタイプ、ボコタイプの組み合わせは、たいていの場合、上司がデコで部下がボコですが、逆のパターンもあります。

専務が「尋問者（デコ）」、社長が「傍観者（ボコ）」のケースです。

専務は有能な方で、常に社長に確認していました。「今日のスケジュールはどうなっていますか」「誰と会うのですか」「手配はどうしたらいいですか」と。

もちろん、専務は社長のために手配をしようとして確認しているわけですが、社長からすれば、まさに「尋問」だった（デコだった）のです。

そのため、社長は「傍観者」としてどんどんボコっていきます。つまり、情報を開示しなくなっていったのです。

まるで夫の予定を問いただす妻と、家に帰りたがらない夫のような構図が、会社で繰り広げられていました。そこで、企業研修の際に、専務に「なぜ社長に次々に問いただしてしまうのか、理由を示しましょう」とお伝えしました。

専務には、社長の予定がわからないと、どう動いていいかわからない「不安」の気持ちが根底にあります。

予定がわからないと、不備が生じて社長が困る。だから、確認しているのだということです。ところが、今の伝え方のままでは、どんなに丁寧に聞いているつもりでも、受け取る社長のほうには、「いったい予定はどうなってるんだよ、ちゃんと言えよ！」というふうに聞こえます。

ポイントは最後に付け加える言葉。最後に「助かります」「ありがたいです」を付け加えることです。

「来週の予定を教えていただけると、会議室の予約ができて助かります」

「何時にお戻りですか？　時間がわかると準備ができるのでありがたいです」

誰だって、尋問されるより感謝されるほうがうれしいものです。そして、なぜそれを尋ねられるのか理由がわかれば、気持ちよく答えることができます。

一方の社長のほうには、「責められているように感じたかもしれませんが、尋ねるほうは不安や恐れから確認しているのです。不安を払拭するように情報を与えてください」とお伝えしました。

社長がスケジュールを開示してくれるようになると、専務も根掘り葉掘り尋ねることはなくなりました。

この問題は**「安心感を与える」ことだけで解決してしまいました。**

根底にあるのは専務の「不安」でした。その不安を払拭するだけでよかったのです。それだけで、複雑に見えた人間関係や、ギスギスしていた人間関係があっけなく変わってしまうケースがあります。これは職場だけでなく、家庭でも、恋愛関係でも、すべてに応用できます。

相手がとる不快な言動や行動。腹が立つ、うっとうしい、などと思うこともあるかもしれません。でもそのときに、「もしかしたら、相手は不安なだけなのではないだろうか」と想像してみるだけでも、関係性が改善するでしょう。

▼会話の最後に「助かる」「ありがたい」を加えて責められ感をなくす

Mental Skill 21

相手が求めている反応（リアクション）をする

私はスクール事業も行っているのですが、運営しているアロマスクールのスタッフ講師とDさんというスクール生さんのお話です。

Dさんはいつも、たくさんのスピリチュアルなグッズを持ち歩いておられ、いつも楽しく見せてくださる生徒さん。大切にしている天然石のブレスや、フラワーエッセンスその他のグッズや、スピリチュアルな研修などの体験談も楽しく話してくださる方です。

スクールでは一人一人を大事にするため、受講生一人につき、担当講師を一人お付けするのですが、突然、「あの講師の先生は嫌なので、変更してください」と申し出がありました。とてもいい講師ですし、Dさんとも合うだろうと思っていた私は、講師のほうからは、順調に1回目の講義が終わったと聞いていたのでびっくりしました。

「何があったのですか？」と聴くと、「あの先生にはわかってもらえそうにない。私とは合わない感じがする」と言います。

状況がわからないので、今度は講師に何があったのか聴きました。講師も驚いていましたが、「何があったというわけではないのですが……」と話してくれたのは、授業中のある出来事でした。

それは、1回目の顔合わせのあと、Dさんが机の上に大きな天然石をいきなり出してドカンと置いたというのです。

講師は驚きましたが、そのまま何も言わず、笑顔でただ決まっている手順の通り、授業を進めたそうです。

もちろん、講師のその態度は間違ってはいません。でも、ここでちょっとDさんの気持ちを想像してみましょう。

なぜ、Dさんは天然石を机に置いたのでしょうか。先に、人は相手の興味や注意を引きたいという欲求や、認められたいという欲求があるというお話をしましたよね。もしかしたらDさんも、まさにこれだったのではないでしょうか。

Dさんにしてみたら、天然石を出した時点で、何か反応してほしかったのかもしれません。

ただ、無視するのではなく、「きれいですね」など口火を切って、お互いの情報などを話しはじめるきっかけにしたいという、彼女なりのアピールだったのかもしれない。それをわかってあげる必要があったのではないかと講師と話し合いました。

そこで講師は次にDさんに会ったとき、「この間の天然石、とてもきれいで素晴らしかったですね。もう一回見せてください」と声をかけました。そうすると、そこから彼女の興味を持っているスピリチュアルな世界や、アクセサリーなどのお話につながり、講師とDさんとの関係性はよくなっていきました。

この話を聞いて、どう思われましたか。

Dさんは変わっている人、面倒くさい人と思った人もいるかもしれません。でも、天然石は一例に過ぎません。人は何かしらの言葉や行動で、人の興味や注意を引きたい。もっと言えば愛情がほしいのです。

ここでお伝えしたいのは、相手がとる行為には何かしら意味があるということ。**論理的で筋の通った話し方ではなくて、〝その人が求めている反応〟があるのです。**

これまでご説明したことと重なりますが、会社でいえば、部下や上司の言葉や行動に対して、いったいその人は何を思ってそれをした（言った）のかという想像力や妄想力はつけておいてほしいのです。

たとえば、毎回営業から帰ってきて愚痴ばかり言う人がいるとします。周囲からはただ、愚痴を言う人、不満を言う人に見えるかもしれません。

しかし、本当はその愚痴そのものには深い意味はなく、「もうちょっと自分に注意を払ってほしい」とか、『お疲れさま』と言ってほしい」のかもしれません。

でも、周囲の人はその愚痴を言われたことに反応して、「また愚痴を言ってる」「ネガティブな人だな」などと思って誤解してしまう。天然石の例は、なかなか伝わりにくいアピールだったかもしれませんが、天然石も愚痴も怒りも不平不満も、裏を返せば同じようなものかもしれないのです。

だから、「その人は何のためにそれをして（言って）いるのか」を想像することが大事なのです。

その言動は「もっとかまって」「私を認めて」のアピールかも

実際、「私のこと、ちょっとかまって！」「私を認めて」という気持ちから、いろいろな行動に出る人は多いものです。

たとえば、ドアをピシャリと大きな音をたてて閉める人。あれって「私の話を聞いて」

の無意識のアピールだったりしますよね。もちろん、怒って閉める人もいます（笑）。

でも、その前に必ず「かまってほしい」という気持ちが隠れていることがあります。

それなのに「そんな乱暴に閉めないでよ！」などと反応してしまうと、事態はますますマイナスの方向に進んでしまいます。

日頃から仕事でも家庭でも会話の中で、「この言葉は本当は何を言いたかったのかな」というところを意識したり、理解できるようになってくると、相手に対する見方が大きく変わりますし、相手への声かけも変わります。


あるコンサルに入ったときに、会議が終わったあとに、「〈いつも〉〇〇ですよね」と不満を言う人がいました。たとえば「〈いつも〉時間をとってくれませんよね」「〈いつも〉自分の意見だけ主張してきますよね」「〈いつも〉私たちの存在を無視してますよね」など。

これも、ある種のアピールです。実はよくよく振り返ると、「いつも」ではないのですが、その人には「〈いつも〉〇〇」と理不尽を伝えたい何かがあるのです。

そんな発言が出たときは、何か本当に言いたいことがあるのだなと想像して、その人の話をじっと聴くようにしています。

言ってみれば、相手の行動や言動を翻訳するイメージです。「本当はこういう意味だよね」と。

結局、多くの場合は感情問題が隠れています。多少大変でも行き違いがあっても、「ちゃんと聴いてくれている」「受け止めてもらえている」と思えれば、人は満足できます。

そういう上司がいれば、「辞めたい」とはなりません。

そこに満足度がないと、失望感が起きるため、もめていないのに「わかってもらえてない」となってしまい、離職につながることさえあります。

▼愚痴を言う人に解決策を言ってはいけない。「お疲れさま」と言えばいい

Mental Skill 22

オンラインミーティング前の「1分間雑談」のすすめ

話し方、伝え方で大切なことの一つに、いかに余分なところ、いわゆるお互いの人となりの部分が理解されているかがあります。

オンラインでの打ち合わせが増えてきた今、「余分」なことが減ってしまいました。もちろん、オンラインの普及で移動の時間がなくなり、物理的な距離を気にせず、効率よく仕事が進められるのはメリットがとても大きいものです。

一方で、画面に向かえばすぐに本題に入ることができるため、仕事以外の話がしにくい、相手の人となりがわかりにくいといった面もあります。

私がおすすめしているのは、オンラインでのミーティング前の「1分間雑談」です。

雑談なんて必要なの？　何のためにやるの？　それよりも早く終わらせたいんだけど！　という声が聞こえてきそうですが、雑談にもやり方があります。

何となく雑談するのではなく、雑談の意図を伝えるのがポイント。意図を伝えるのは合意を得るため。そうしないと、雑談が無駄な時間になってしまいます。

たとえばこんなふうに意図を伝えます。

「自己紹介も兼ねて、最近の出来事について1分間話してください。これは、お互いの人となりを知って、このあとのミーティングをスムーズに進めるために行います。どうか無駄だと思わずに、シェアしてください」

人間関係を構築するために行うということを明確に伝えましょう。

「昨日、犬の散歩に行ったら○○を見ました」とか、「息子が1歳になって立って走り回るようになりました」などと話すと、「えっ、そういう人だったの?」「お子さんがいたの?」など、相手の意外な一面を垣間見ることができます。

雑談の効果

こんな話がありました。顔色が悪く、いつも居眠りをしている同僚がいて、内心「ちゃんと仕事しろよ」と思っていたそうです。

ところが、その同僚が1分間雑談で「先週末、介護のために地方に住んでいる親のところに行っていました」と話をしました。「そういう事情なのか。なんだか最近、疲れていると思った」と納得。**1分間雑談が、その人の背景にあるものを想像できる時間になった**のです。

日本人は仕事にプライベートを持ち込まない、という考えの人も多く、あまり家族のことや趣味のことを仕事の場面で話さないことが少なくありません。でも、相手の状況やプライベートな一面がわかると、人間関係がスムーズに進むことは多々あります。

何も無理をして上司とお酒を飲みに行く必要はありませんが、私たちはロボットと仕事をしているわけではないので、人間的なつながりがどこかにあることは、強みになります。

そこで必要になるのが、第1章でも触れた「想像力」です。

雑談の中で小さいお子さんがいる方だとわかったとします。小さいお子さんを持つ働く母親（父親）の夕方以降の時間がどれほどバタバタしているかご存じでしょうか。夕方に保育園にお迎えに行って、夕飯をつくって、お風呂に入れて、寝かしつけて、ほぼ自分の時間はありません。経験をしていない人間にとっては、これは想像もつかないことです。

だからこそ、雑談の中でもいいので、ある程度自分から状況を伝える必要はありますし、聞くほうも想像力を働かせる必要があります。

想像力が高いほど、人とのコミュニケーションはうまくいきます。ただここまでお伝えしてきたように、今、クイックレスポンスを求められ、オンラインで効率的にミーティングが行われ、想像する時間がどんどん失われています。

想像力が失われると、人と自分はそもそも違うということを忘れてしまいがちになります。言い換えれば、とても陳腐な表現になってしまいますが、「思いやりがない」ということになります。

でも、**思いやりさえもスキルなのです**。思いやりも訓練すれば身につけることができます。

ただし、思いやりは一人では育てられません。山に引きこもって瞑想しても、思いやりは育ちません。それどころか、思い込みが増えてしまいます。

思いやりは、人との関わりの中でこそ育つもの。自分と違う環境にいる人の話を聞かないと、想像力も発展しません。

介護をしたことがなければ、介護のことなどわかりませんし、子どもがいなければ、子どもがいる生活もわかりません。

もちろんわからなくていいのです。でもわからないからこそ、「どんな状況なのだろう」と想像してみる。言ってみれば異業種交流をしているようなもの。

余談ですが、先日、出張の帰りにスーツケースをゴロゴロ引っ張りながらカフェに寄ったときのこと。きっと私が疲れた顔をしていたのでしょう。お店のお姉さんがコーヒーの入った紙コップを渡してくれたのですが、コップに「お疲れ様です」と書いてあったのです。

とてもほっこりしましたし、「あーっ、この女性はきっとどこの職場でもうまくいくだろうな」と思いました。だって「余分なこと」ができる人だからです。

ヨレヨレの私を見て（笑）、背景を想像してひと言加えることができる人は、どの面接に行っても受かりそうですよね。これからは、その余分がある人、想像マインドがある人しか生き残れないのではないでしょうか。

▼他人の状況を想像する回数が多い人ほどコミュニケーションがうまくいく

Mental Skill 23

言葉や感情の行き違いが減る「2分で説明する練習」

国際結婚をしていて、とても仲のいいご夫婦に話を聞くと、違う文化で育った者同士だからこそ、丁寧に説明し、たくさん話し合って理解をし合っていると言います。日本語が通じないと思えば、わかるように説明しますよね。それと同じで、日本人同士でも文化の違い、環境の違いがあります。だから意識してちょっと多めに説明してみるのです。

「丁寧に説明する」というとハードルが高くなりがちですが、そんなに大げさなことではありません。長くなくてもかまわないので、2分間で説明する練習をしてもらいます。

コミュニケーションエラーの多くは説明不足です。

ただし、相手との距離感があると、そもそも聞きたい質問を飲み込んでしまったり、自分の背景を省略してしまったりします。

今の自分の環境や、なぜそう考えたのかなどについて、「文化が違う相手に説明するつもり」で端的に説明しましょう。

これができると、行き違いがなくなりますし、本当にミスも減ります。

仕事でありがちなのが、当然やってくれていると思っていた仕事を相手がやってくれていないケース。「えっ、それ、やってくれてないの？（私だったら当然、やっているのに）」と内心驚くことがありませんか？

よくあるケースとしては、相手はわざとやっていないわけではなくて、「自分が担当だとは思っていない」ことがあります。「やり方がわからずに滞っている」「仕事のスケジュールが押していて仕上がらない」などもあり得ますね。どちらも悪くありませんが、「なんで言ってくれなかったのか」と心が波立ってイライラしてしまいがち。

だから、**2分だけでいいので、「なぜ、それをしてほしいのか」を付け加えましょう。**「もし、海外の人に仕事を頼むとしたら」と考えて、「ここまで仕事をやってほしい」と、やってほしい範囲も伝えるといいでしょう。

その仕事をするための周辺知識を2分で入れ込むのがポイントです。２分にしているのは、このくらいが人間が集中して聞くことができる時間としてはとても聞きやすいからです。それ以上長くなると、忙しいときだと注意力が散漫になってしまいます。

「2分で説明する練習」（168ページ）の効果はテキメン。まずは、しゃべりすぎる人。2分たっても核心部分に到達せず、「前置き」の話をしていることもあります。

研修ではタイマーを使って話してもらうので、タイマーが鳴ると、「まだメインの話まで行ってない！」と焦る人が多いのです。ポイントをつかんだ話ができていないことがわかります。

逆に言葉が少なすぎる人もいます。ポイントだけを告げて、「以上！」と言って話を終わらせてしまい、「まだ全然、意味が伝わってませんけど……」というタイプです。こういう人は説明がまったく足りていないことがわかります。

●「オブザーバー」がいると、もめごとが減る

さらに、私は「オブザーバーの練習」（168ページ）もしてもらっています。実際、このワークを実践した会社では、もめごとが減りました。なぜかというと、オブザーバーがいたからです。

職場の問題の多くには〈感情のもつれ〉が存在します。物事が起きると、そこに周

囲の人たちの感情問題が絡まってしまい、「そうだ、そうだ」と関係ない人が物事を大きくしてしまったり、ややこしい別の問題まで関係してきてしまうことがあります。

そこに、冷静な他部署の人、ほかの会社の第三者的な存在（これを私たちはオブザーバーと呼びます）が入ると、急に問題がシューッと鎮まって解決することがあるのは、「それって、そもそも問題なのか？」「実は大した問題じゃないよね」というように、もつれが収まるからです。

問題に距離を置ける人が一人存在することによって、問題が小さくなります。これは自分が問題をどう認知、認識しているかを外から認知、認識しようというメタ認知として、今とても重要だと注目されています。

この訓練ができていると、そもそも何か起きても、みんながいい意味で距離を置いて見ることができ、きちんと冷静に協力し合えるので、わざわざ問題に巻き込まれる人が増えたり、感情的になってしまうことがなくなります。

この訓練をしている会社としていない会社では、面白いくらい空気が違います。

▼コミュニケーションエラーの原因は、相手との距離感

Mental Skill

24

「Ｉメッセージ」で人を動かす

「I（アイ）メッセージ」を知っていますか？

「Ｉ（アイ）メッセージ」とは、私（Ｉ）を主語にして伝えるメッセージで、相手を**尊重しつつも、「Ｉ＝私」**の気持ちや考えを伝えるコミュニケーションの手法のことです。ご存じの方も多いでしょう。

たとえば、ある企画の進行を部下に任せていて、その進捗を部下がなかなか報告してくれず、現状が把握できなくて困っているときに、部下にどう言うでしょうか。

「ちゃんと報告して」「なぜもっと早く報告できないの？」と言いたくなりませんか？

これらの文章にはすべて主語はありませんが、「（あなた）ちゃんと報告して」「なぜ（あなたは）もっと早く報告できないの？」とあなた（YOU）が主語のメッセージになっています。

このように言われると、部下の立場からしてみると、なんだかちょっと責められているような、注意されたような気持ちになりますよね。

では、これを「Ｉメッセージ」に作りかえてみましょう。

「私は、企画の進捗をこまめに報告してくれると、現状が把握できて助かる」という言い方をします。つまり、自分の気持ちと状況をきちんと伝えるのです。

あくまで自分の感情や気持ちを述べているにすぎないので、相手を責めることもありません。**人に要望や要求を伝えるときは、基本的にＩメッセージを使うことをおすすめします。**

自分の感情を言い表しているだけなのに、相手はなぜか、自らあなたの要望や要求に応えてくれることが多くなっていきます。命令されたり、強要されて動くよりも、自分の意思で動いてもらうほうがいいのはおわかりですよね。

Ｉメッセージを使いこなせると、あなたの人間関係は大きく変わります。

このＩメッセージの作り方にはコツがあります。**Ｉメッセージはただ単に主語を「私」にするだけでは、本当の意味でのＩメッセージになりません。**

Ｉメッセージは３部構成になっています。

❶（相手の）行動

②（自分への）影響
③（自分の）気持ち・感情

この3つを伝えることにより、相手を責めることなく、自分の気持ちを、共感を持って伝えることができます。

基本は3部構成にしていますが、会話の中では必ずしも全部を伝える必要はありません。作り方の基本がわかれば、日常で使いやすくなっていきます。

ここで、Iメッセージの誤用を紹介しましょう。

たとえば、子どもに「ママはあなたが勉強してくれると、とてもうれしい」という言葉。これは完全に「(あなた)勉強しなさい！」と言っていますよね。「ママはうれしい」と言いながら、強い圧を感じますよね(笑)。

このように「I（私）」と言いながら、「YOU（あなた）」になっている使い方をしている人はかなりいらっしゃいます。これを私は**「隠れYOUメッセージ」**と名づけています。「Iメッセージ」の形をした「YOUメッセージ」です。

誰かとコミュニケーションをとるときに覚えておいてほしいことがあります。それは、アメリカの精神科医エリック・バーンの有名な言葉、**「過去と他人は変えられない。変えられるのは、今ここにある自分だけ」**です。

これは、健全なコミュニケーションの在り方を、とても端的に教えてくれます。

この例でいうと、勉強するかどうかは「あなた（子ども）」次第で、どれだけ頑張らせたくとも強制することはできません。とはいえ、自分の気持ちも伝えたいですよね。では、どうすればいいのでしょうか。

「私がしてほしいこと」の押し付けにならないためには、前置きが必要です。

エリック・バーンの言葉を言い換えれば、「あなたの人生だから、あなたが勉強するかどうかは、あなたの問題だと思うよ」と言ったあとで、「ただ、ママとしては、あなたが勉強をしないで、希望の進路に進めなかったら悲しいな」と言うのはどうでしょうか。

つまり、**いったん「あなたの問題だ」ときちんと線引きし、強制できないことを伝えたうえで、自分の気持ちを伝える。これが本当の「Iメッセージ」です。**

どうでしょうか。私たちは往々にして、言葉足らずなのかもしれません。本当の気持ちに気づいて、丁寧に伝えていくのが大事なのですよね。

形だけの「Iメッセージ」だと、かえって毒を持っている気がします。言われた子どもは息が詰まってしまいます。むしろ、ストレートに「勉強しなさい！」と言ったほうが「いや!!」と言い返せてまだいいかもしれません（笑）。

心の潤滑油になる「ひと言」を加える

Iメッセージに加えて、さらに圧を弱めたい場合の伝え方のコツはきちんと丁寧に伝えること。短く、こんな「ひと言」を付け加えてください。

- 「忙しいのはよくわかっているのですが」
- 「○○が先方に渡す資料の締め切りなので」
- 「言いにくいのですが、お願いしてもいいでしょうか」

明らかに押し付けてしまうことになるとわかっている場合は、あえて素直にそれを言葉にしてしまう場合もあります。

- 「申し訳ありません。押し付けてしまうことになっているのはわかっているのですが、どうしても手が足りないのです」

というように。仕事において指示やお願いをしなければならない場合に大切なことは、「事情」や「逡巡《しゅんじゅん》（ためらい）」をも開示することです。

いくら相手が傷つかないように伝えたところで、仕事の場合はやってもらわないと困ることがあります。「優しく伝えたから、私の指示を受け取ってね」ということではなく、「無理を言っていることはわかっているし、お手数をかけるけれど、こういう事情だから、よろしくお願いします」という気持ちの共有です。

そうすれば、お願いされたほうは「本当に無理なこと押し付けてくるなあ」と思いつつも現実的には「しょうがないな」と受け取ってくれるでしょう。

とくにチームで仕事をする場合、このちょっとした丁寧な潤滑油を加えたやりとりが重要になってくるのです。

▼「隠れYOUメッセージ」にならないよう、Iメッセージは3部構成で

Mental Skill 25

「ほめる」より「役に立っていること」を伝える

「Iメッセージ」で伝えられると、なぜ人は動くのでしょうか。

その根底には「自己有用感」があります。自己有用感とは、自分が人の役に立っているという気持ちのことをいいます。つまり、自分がこの仕事をすることによって、相手の役に立っている感覚。これが積み重なることによって、仕事へのやりがいにつながります。

仕事をしていく中で自己有用感を感じられていれば、仕事は続けられますし、簡単に辞めようとは思えないでしょう。言ってみれば、自分がコマとして使われているのではなく、全体の一部であってもどこに効果を上げているのか把握できるのです。

裏を返せば、私たちは仕事をしていく中で全体像が見えにくいものです。必死に頑張っているのに、「私、いったい何をしているのかな」とふと思ってしまうとき、どうしようもない無力感がわき起こってしまいます。

あなたの仕事は何の役に立っているか

自分が何に役に立っているのか、何のためにここに存在しているのか、どこに向かっているのか本当によくわかっていない人が意外に多いのではないでしょうか。

しんどい仕事でもなぜかできてしまうのは、役に立っていることが目に見えているときではないでしょうか。自分のしたことで喜んでくれている誰かがいるという実感があれば、少々面倒くさいことがあっても、乗り越えられることがあります。

今の若い世代、すぐに会社を辞めてしまう人は、この自己有用感を伝えてもらっていないのではないでしょうか。だから簡単に「私がいなくなってもいい」と思ってしまう。

「あなたは必要だし、あなたがいることで助かっているのだ」と絶えず伝えていくことが私たち社会の先輩の役目だと思います。

世の中的には「ほめろ」と言いますが、口先だけでほめられることでやる気が出るほど、ことは単純ではありません。ほめるのが悪いわけではありませんが、今の仕事がどこにつながっているのか、自分が何の役に立っているのかを実感できることのほうが重要です。

子どもたちがゴミ拾いのボランティア活動をしたとき、「ゴミを拾ってくれて、えらいね」とほめられるよりも、「このゴミを拾うことで、どんな効果があるか知っている？　ゴミを拾ってここに植物の苗を植えると、地球の温度が〇度下がるんだって」と教えてあげたほうが、ゴミを拾うモチベーションが上がりますよね。

つまり、自分のしていることにどんな効果があるのか、全体像を知っている、そのことがとても大事で、その視点はなかなか自分一人では見えてこないのです。

たとえばネジを作っている会社があるとします。そのネジが何の役に立っているかわからずに、ひたすらネジを作ることはできないでしょう。

それが飛行機の〇〇の部分に使われている重要なネジで、そのネジが一つゆるむと飛行機の大事故につながる、と言われたらどうでしょう。

人を育てようと思ったら、その人が携わっている仕事がどんなことに役に立っているのかを伝える必要があります。その人個人をほめることも大切ですが、全体の何に役に立っているかを伝えることです。

目の前のことをほめるより、どこにつながっていて、どこに役に立っているか。そしてチームや部署で、その人が貢献していることも同時に伝えていく。

その川がどこにつながって大河になっていくのか。それがわかっている、支流の大切さを伝えている会社は人が辞めずに長く続くのです。

▼「自己有用感」が離職防止につながる

まとめのワーク①

2分で説明する練習

58ページで紹介したワークを使って「2分で説明する練習」をやってみましょう。

3人で行えるとベストです。一人は話す人、もう一人は聴く人、3人目はオブザーバーとしてそこにいて観察します。

オブザーバーは、「こういう話し方だと意味が伝わりやすい」「この説明ではわからない」などと外から人間関係を観察することができます。

これが、自分の話し方を振り返るメタ認知につながります。

具体的なIメッセージで指示を伝える例

1 (相手の)行動

「企画の進歩をこまめに報告してくれると、
現状が把握できて私は安心できるんだよな」

2 (自分の)影響　3 (自分の)気持ち・感情

「私は安心できるんだよ。あなたがこまめに報告してくれると」

私(I《アイ》)を主語にして、メッセージを伝えているのでIメッセージです。あくまで自分の気持ちや感情を述べているに過ぎませんので、相手を責めることもありません。

まとめのワーク②

Iメッセージを作ってみよう

次の3部構成で、あなたの伝えたい人に、Iメッセージを作ってみましょう。

1 (相手の)行動
2 (自分への)影響
3 (自分の)気持ち・感情

第4章

小さなことから始める前向きな「マインド」のつくり方

人と関わる中で「ポジティブ思考」になるスキル

前向きな「マインド」はトレーニングによってつくることができます。日々意識的に使っていくことで、思考パターンを変え、前向きなものの見方を手に入れることができます。

Mental Skill 26

「脳内検索」を変える 1
いいことを3つ探す

突然ですが、読者のみなさんに一緒にやっていただきたいことがあります。

「今週あったいいことを3つ探してください」。2分で書いてください。

いかがですか。すぐに挙げられましたか。

セミナーなどで、最初にアイスブレイクといって緊張を解くためによく行われる「いいこと探し」のワークです。

実はこれを行うことでどんな効果があるかというと、「いいこと」の中身が重要なのではなく、「いいこと」を探すことに意味があります。

実は、**私たちの潜在意識は自動検索機能がついています。**

これはよく心理的な効果として、カラーバス効果といわれています。これは、特定のことを意識すると、普段の日常の中で、そのことに関わることが知らないうちに目に入ってくる、という効果のことです。

人間は、たくさんの情報を普段知らないうちにキャッチしています。その情報を、無意識のうちに、自分に必要のあるものにアンテナを張り、関わるものを取捨選択しているのです。

つまり、**いいことを書き出すと、この過程で、無意識にいいことを探そうという検索モードに変わり、日常でいいことにアンテナを張ることができるわけです。**

私は仕事上、成功者と呼ばれる人に会うことが多いのですが、そういう方たちに共通の口癖があるのです。それは「運がいい」なのです。

「私は、運だけで生きているんですよね」

「たまたま運がよかったんです」

と口をそろえておっしゃいます。

その方々が、運がいいから成功したのか、成功したから運がいいのか。どちらが先かという話にもなりますが（笑）、これはやはり、脳内検索のなせる業《わざ》といえると思います。

ご本人が、「運がいい」と思っているからこそ、どんどん運がいいことをキャッチしていけるわけなのです。

本当は、人間ですから、いいことも悪いことも起きているはずです。確率論でいえば、成功者にだけいいことばかり起きるわけではないでしょう。

同じ物事が起きても、「物事の何を見ているか」「どんな面を見ているか」が大事なのです。成功者は、物事のいい面を見るのがうまい人たち、つまり、いいことの脳内検索ができる人たちなのでしょう。

一方、日常がつらいと感じている人ほど「なんかうまくいかない」「嫌なことばかり起きる」「そんなに人生、甘くない」と言ったりします。

そうすると、そういう面にしかフォーカスできなくなり、脳内検索がかかり、嫌なことしかキャッチしないので、同じ出来事があっても物事の悪い面を捉えて日常がつらいと感じてしまうのです。

実は、脳内検索が違うだけで、人生まで変わってしまうのです。

人と関わるから新しい視点が見えてくる！

「私は運がいい」と口に出しましょう、というと、無理に「運がいい」「ツイてる、ツイてる」と口癖のように言い続けようとする人がいます。

実はこれ、ちょっと注意が必要です。そう口にしながら、心の中で「でも、私、ツイてないけど」とツッコミを入れている人、結構多いのではないでしょうか（笑）。

「笑顔をつくりましょう」と言われて、本当は笑顔になんてなれないのに、無理やり笑顔をつくっているのと同じです。この状態を実は「感情の否認」といいます。

自分の本来の気持ちを無理に抑え込み、表に出さないことで、心理的に混乱してしまい、心に負荷がかかります。

だから無理なくできることをおすすめしています。それが「いいこと探し」です。それも、〝日常の中の小さな〟いいことから始めてください。

小さないいことなら、無理なく脳内検索できますから。この〝無理のなさ〟こそが大事で、心が疲れないコツです。「無理につくるポジティブ」ということではないのです。

たとえば「昨日、卵を割ったら、黄身が2つあってラッキー！」とか、「コンビニで新しいスイーツを見つけた」「電車で目の前の人が降りていき、席が空いて、すぐ座れた」とか。「そんなささいなこと!?」と言われるようなことでOK。

私もよく新入社員の人たちに、自分サイズのいいことを探して、視点を変えてもらうことをしています。

そして、それぞれのいいことを共有してもらいます。

自分で「いいことを探しましょう」というと、なかなか探せなくても、人の〝いいこと〟を聞くことで、「それって〝いいこと〟に数えていいんだ」「そんなレベルのことも〝いいこと〟になるんだ」と気づきます。他者の中に、新しい視点が隠れていることはよくあります。

自分の内観だけ、をしていては、気づきが起こるのに時間がかかります。他者との違いを感じ、そのおかげで自分の特性を発見できるのです。

新しい視点や、本当の気づきは、一人で悶々と悩み、苦しみ、考えるのではなくて、他人との関わりの中から多様な視点を持つことで生まれます。

自分だけのいいこと探しももちろん大事ですが、他者の〝いいこと〟を聞くことで、さらに新しい刺激をもらえるものです。自分の中からだけでは多様性は生まれませんし、自分の枠は超えられません。

そういう目で見ると、他人と関わることは結構面白いものです。

他人を新しい視点で観察できると、この時点であなたのアンテナ、脳内検索はかなり変わっているはず。ぜひ〝いいこと探し〟も、なんとなくではなく、意図的にやってみてください。

▼見る場所が違うだけで人生が変わる

Mental Skill 27

「脳内検索」を変える 2
ネガティブな脳内検索に気づく

自分がどこに脳内検索をかけているか、そこに意識的になりましょう。

たとえば職場の不平不満を言う人は、不平不満を探すべく脳内検索をかけています。「上司が、部下が、同僚が」と人間関係の不満を言い、「仕事量が多い」と仕事内容の不満を言い……。もしも、何も不満がない状態だったとしても、今度は、「椅子がガタガタする」など、違うことを見つけ出し不満を言うかもしれません。

もちろんこれは極端な例ですが、もしもその会社を辞めても、前の会社もその前の会社も同じような不満を見つけている自分に気がついたら、「会社だけが悪いわけではないかも」ということに気づいてください。

先にプロジェクションマッピングのたとえ話をしましたが、自分の検索が不平不満を見つけてしまっている可能性があります。

だからあなたが住んでいる場所を変えようが、会社を移ろうが、パートナーを代えようが同じで、原因は「自分」かもしれないということに気づかなければ、その負のループからは抜けられないでしょう。

これを自覚すること、認めることはとてもつらいし、くやしいですよね。もしかすると絶対認めたくないことかもしれません。だからこそ、認めることができたら、確実に変わり始める一歩になるのです。

仕事を辞めたくなったら

昔、「仕事についたら3年は勤めなさい」と言われることがありました。これは実は根性とかやる気のことを言っているわけではなかったのかもしれません。

もちろん、無理するのはよくないですが、もし可能なら、「何か一つ学んでから辞めても遅くはないですよ」とお伝えしています。自分がどのようなパターンを持っているのか、ということに気づいてほしいからです。

あんなことがあった、こんなことがあった……と過去に情報を検索して、後悔し続けている人もいれば、未来にこうなったらどうしよう、将来どうなるのだろう……と、いつもいつも未来の情報を検索して心配し続けている人もいます。

転職が悪いわけではありませんが、仕事がなかなか決まらず、転職を繰り返し続けている人は、もしかすると、転職のたびに「今の仕事の嫌なところ」を脳内検索してしまっていることもあるのかもしれません。

せっかく探して、いざ転職してみたら、今度は逆に過去が青い芝生に見えて後悔し、前のほうがよかったかも……と言いはじめる方もいます。つまり「今の仕事のまずい部分」を検索し続けているからです。

まずは、自分の脳内検索を見直すことがとても大事になってきます。自分が「今、何を見ているのか」です。

この時代は、昔のように同じテレビをみんなで見て、同じように笑っている時代ではなくなっています。

今は、隣にいる人がまったく違う世界を見ていることが起きてきている時代です。一人一人が自分のスマホを持ち、自分が見たい世界を見ている。隣の人すら同じ情報を検索しているとは限らないのです。

ネガティブな情報ばかり見ていると、おすすめ動画にネガティブなものがどんどん上がってくるようになるのと同じです。

ネガティブな脳内検索をすると、ネガティブな世界に説得力があるように感じ、「ほら、やっぱりね」と納得してしまうのです。そして自分で自分を苦しめていきます。

だから、あなたが発信する情報や、検索する内容には、責任があります。

見る世界を変えるためには、いったん自分のそのメガネを外す必要があるでしょう。

▼過去の情報を検索して後悔し続ける人、未来の情報を検索して心配し続ける人は要注意

Mental Skill 28

「脳内検索」を変える3 「なぜできないの？」から「どうしたらできる？」へ

そうはいっても簡単に脳内検索は変えられない人にやっていただきたいのが、**自分に対する質問の方法を変える**ことです。

具体的には「なぜできないの（ＷＨＹ）？」から「どうしたらできる（ＨＯＷ）？」という質問の方法にします。これだけで脳内検索を変えることができます。

私たちの多くは、自分に対して「ＷＨＹ？」の質問を投げかけてしまいがちです。なぜなら子どもの頃に親や先生など大人から、「なんでできないの？」「なんでやらないの？」「どうしてこんなことしたの？」と投げかけられ続けてきたからです。そうすると、ダメな理由を検索し続けてしまいます。

これが機械ならミスは許されません。たとえば車に故障があれば命に関わります。なぜミスが起きたのか、原因を追究するでしょう。でも機械と同じことを人間にあてはめてはいけません。

人間の場合、ダメだった原因を追究しはじめたら自己否定をしてしまいます。頭の中では「このパターン、やめたい！」と思っていても、どうしても否定的なパターンが出てきてしまう。

そんなときこそ、「なぜ（WHY）？」ではなく、「どのようにしたら（HOW）？」と問いを変える必要があります。これが検索の方法を変えることにつながります。

あなたの潜在意識が勝手に「解決策」を脳内検索しはじめる！

「こうなりたい」という目標を書くことがあります。目標設定や今年の抱負などを書いてそれを目指す。もちろん素晴らしいことです。でも、実際はどうでしょう？　その目標通りにできますか？　たいていの人はNOと答えるのではないでしょうか？

私たちは自分の腰に重たいタイヤをつけたまま、目標には向かえません。頑張ってタイヤを引きずりながら歩いても、しんどさが増していくだけ。

実は私も意志が弱い人間です。しんどいことはできません。だから、できない理由を細かく輪切りにするように書き出してみます。書き出すことで潜在下にあった問題が顕在化されます。

たとえば「お金がない」「時間がない」「才能がない」「経験が足りない」といったものから「この会社にいるから仕方ない」「一人でできる自信がない」といったものまで、できない理由が出てくると思います。

顕在化されたものは、書き換え可能になります。

できない理由を書くにあたって、ほとんどの人は「なぜできないの？」と「WHY？」で理由を探すのではないでしょうか。

「なぜできないの？」↓「だって、仕事もあるし、子どももいるし、時間がないから」のように。これが結果として否定的なパターンを繰り返すことになります。

これを一つずつ、「どのようにすれば解決できる？」と「HOW？」の問いに変えてみます。

先の例なら、「どうすれば〝時間がない〟を解決できる？」と書きます。

この時点で、解決法を書く必要はありません。書くことで、脳内検索が解決する方法を探しはじめます。

書いた瞬間は、「こんなことで解決するの？」と思いますが、ひとまず書いたら放置したままでOK。あなたの潜在意識が、解決策について脳内検索を始めます。

「ベクトルのワーク」でその問題解決策を脳内検索する

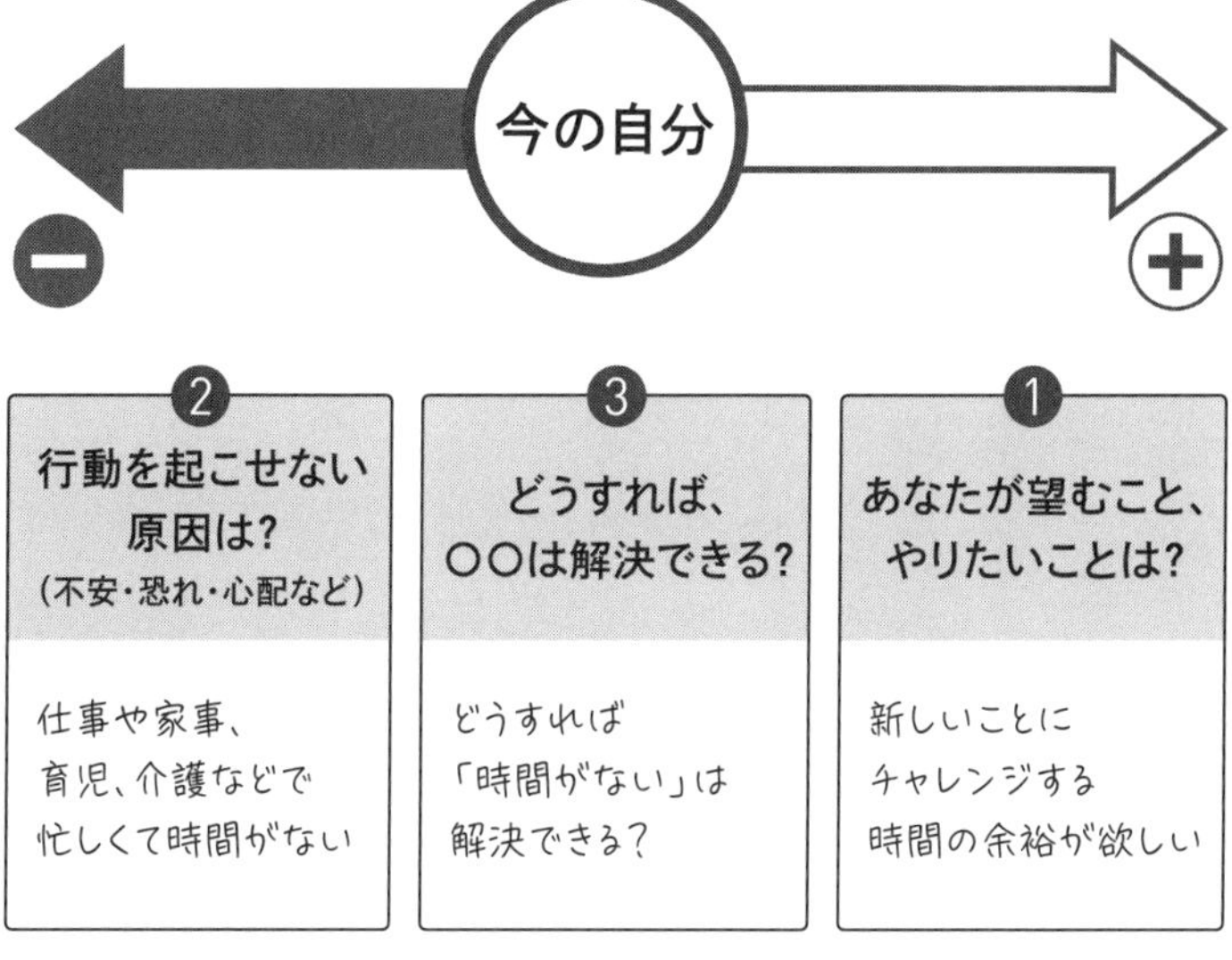
今の自分
2
行動を起こせない原因は？
（不安・恐れ・心配など）
仕事や家事、育児、介護などで忙しくて時間がない
3
どうすれば、○○は解決できる？
どうすれば「時間がない」は解決できる？
1
あなたが望むこと、やりたいことは？
新しいことにチャレンジする時間の余裕が欲しい

そして、あるとき「そういえば、YouTubeを1時間以上も見てるよね」「あれっ、結構無駄な時間を使ってたな」と、はっと気づいたりします。

つまり、すぐに答えは出ないから、検索だけかけておくということなんです。

「なぜ？」を「どのように？」の質問に変えるだけで、シンプルにものごとが顕在化され、人生が変わります。これは私が保証済みです。

これは部下にも親子にも使える方法です。

「なんでできないの？」から、「どうしたらできそう？」へ。

部下も子どもも勝手に動くようになりますよ。少なくとも、人を責めることがなくなり、とてもラクになるのが実感できるでしょう。

▼脳に問いかけて放置しておけば、勝手に答えを探し出してくれる

Mental Skill 29

メモリをリリースして脳を最適化する

落ち込んでいる人に、何か新しいアドバイスをしてあげようとする方がよくいます。でもそれは、パソコンのメモリがいっぱいになっているところに、新しいアプリをダウンロードするようなもの。そのアドバイスは何も頭に入ってこないでしょう。

いっぱいいっぱいになり、困った状態になってからでは動かない。だから、困る前にメモリをリリースしておくことが重要です。

頭の中のメモリをリリースするというと、メモリを「消去する」と思っている人がいますが、違います。メモリを消去してしまったら、記憶がなくなってしまいます（笑）。私たち人間にとってのメモリのリリースは、むしろアプリの損傷をなくすと考えてもらうとわかりやすいかもしれません。

いっぱいいっぱいになっているとき、メモリをリリースしてパソコンが最適化すると動きやすくなります。

前にも触れましたが、その方法の一つ目が、感情問題を小さくして、メモリをリリースすること。

そしてもう一つ、私がおすすめしているのは、頭の中にメモをしないこと。要は、**「覚えておこうとしない」ことです。今覚えておかなくてもいいタスクや予定をすべてスマホのスケジュールに落とし込んだり、カレンダーに書き込んだりすることで、頭の中はスッキリします。**

よく知られている「TO　DOリスト」は、「やらなければならないことを見える化」するもので、実践されている方も多いのではないでしょうか。

でも、これって意外と気が休まらないものです。やらなければならないことが常にデスクトップに出ているようなもので、絶えず追われている気分になってしまうからです。

タスクばかりメモしているから「休んでいても気が休まらない」「オフになっても気が焦ってしまう」という人は少なくありません。このような人はいつもデスクトップにやるべきことが立ち上がっている状態なので、電力を食うわけです。

「覚えておこうとしない」ということは、タスクが全部なくなるまで、いったんスケジュールに割り振ることです。

そうするとスッキリするのは、次にスケジュールやカレンダーを見るときまで忘れていられるためです。これがメモリのリリースです。

スケジュールに落とし込む話をすると、なかには「じゃあ、手帳術を習いに行きます！」などと言う人もいますが、ちょっと待ってください！

今いっぱいいっぱいなのに、さらに新しいアプリはダウンロードできないでしょ、と思うこともしばしば。そんな状態で新しい情報をダウンロードしようとしてできず、いい情報を使いこなすことができなくて落ち込んだり、ひとり反省会をしたりしている人もいます。

「せっかくあんなにいいことを聞いたのに僕、何もできていないんです」と。

そうではなく、メモリをリリースしたらそのアプリを使えるようになるからと、いったん頭の中にあるタスクを書き出して、全部スケジュールに落とし込み、整理をしてもらうと、使うべきアプリが立ち上がって頭が働くようになります。

タスクを覚えずにカレンダーに落とし込む方法

具体的なやり方を説明しましょう。

たとえば、締め切りがある仕事があるとします。スケジュール帳の締切日に記入することはみなさんしていると思いますが、「すべて落とし込む」というのは、もっと細かい作業です。

私の場合、「締め切りの1週間前」のところに、「○○の締め切りの1週間前、チェック」と書いておき、締切日ではなく、チェックの日を落とし込みます。チェックする日まではそのことは忘れます。

私はスマホを使用しているので、チェックする日に通知がきます。通知がきたら「ああ、忘れてたわ！」となっても、そこから集中できますし、1週間の余裕もあります。

要は、「予定やタスクを忘れないように手帳に書き込む（スケジュールに入れる）」のではなく、「予定やタスクを忘れてもいいように手帳に書き込む」わけです。

だから、いつも「明日、何をするんだったっけ？」という状態です。でも、それで大丈夫。忘れていいようにスケジュールを使いこなすほうが、集中力もアップします。

ほかのことが頭にあると、いいアイデアも浮かんできません。

「忘れても大丈夫」な状態にしておくと、〝今、この瞬間〟に使えるメモリをしっかり確保することができるのです。

タスクが手帳やスマホに書き落とされて、メモされているものがなくなるまで振り分けることをしていかないと、おそらくそれはずっとあなたのメモリを食い続けます。

コンセントがいろんなところに挿しっぱなしで、常に待機電力が使われている状態、あるいは使っているソフトの裏で、ずっと別の動画が回り続けていたり、別のソフトが動いていたりしている状態です。そうすると、やがて充電が切れたり、シャットダウンを起こしたりしてしまいます。

何か気にかかることをできる限り減らすだけでも、メモリのリリースにつながります。

▼タスクを全部カレンダー（手帳）に書き落とせば頭スッキリ、気持ちスッキリ！

Mental Skill 30

想像マインドを育てる

前項の「メモリがいっぱいいっぱい状態」の心理を知っておくと、無駄に部下や同僚にイライラすることもなくなります。

「メモしろと言ったのに、メモしていない」とか、「あの書類、どうなった？　まだやってないのか！」などなど。言われたほうは「そもそも量が多すぎなんだけど……」とモヤモヤ。

このときに「メモリがいっぱいいっぱいになっていると動けなくなる」ということを知っておけば、頼むほうもラクになります。

「あいつは使えない」「人の話を聞いていない」と判断する前に、「いっぱいいっぱいでアプリが起動してないんだな」と思えれば、怒らなくて済みます。

「今、何がこの人のメモリを食っているのか」という視点で見ると、対処法も違ってくるでしょう。

仕事が多すぎたのかもしれない、苦手なことを無理にやらせていたのかもしれない。それがわかれば、「この人が悪いわけではない」とわかるかもしれません。

大きな声では言えませんが（といって本に書いていますが）、最近では使えない上司問題というのもよく聞きます。

部下のほうが、「こちらの話聞いてる？」と言いたくなるような上司がいるのです。「これやっとかないと、まずくない？　部長が大変になるんじゃない？」「提出した書類、見てくれた？」みたいなケース、意外とあるのではないでしょうか。

何度か働きかけてみても変わらない上司に、「はー（ため息）、言っても無駄」と疲れ果て、会社を辞めていくのです。こんな会社にいるくらいなら、自分の才能を生かしてくれる、自分の話を聞いてくれる会社に行きたいと思ってしまうのです。

それくらい「上司に話を聞いてもらえていない問題」は大きいものです。

上司が話を聞いていない理由は、意地悪で遮断しているのではなくて、もしかしたら、上司もメモリがいっぱいいっぱいなのかもしれません。

こうして視点が変わると、上司への接し方も変わるでしょう。それを部下側が理解するだけで、無駄に圧をかけなくなります。部下側もメモリがいっぱいいっぱいで余裕がなくなると、よけいにギスギスしてしまうことに。

上司からにしろ、部下からにしろ、今どの職場でもパワハラには十分注意をしていますから、圧をかけるような話し方や怒鳴りつける人は少なくなっているはずです。

でも、実は圧問題はそうしたわかりやすい話ではなくて、メモリがいっぱいいっぱいで余裕がないために、自然にかけてしまう圧のほうが根深いのかもしれません。

●「この人はなぜ圧が強いのか」想像してみる

これまでも繰り返しお伝えしたように、ここで大切なのが想像マインドです。話を聞いてもらえないと思うと圧が強くなりがちですが、そうではなくて、「この仕事が滞ると、あとの仕事が大変になりそうで不安なんです」という情報を相手に伝えることが大切。情報が共有されていなければ、相手も動きようがありません。

たとえば締め切りを破る人がいるとします。相手は「1日くらい遅れても、大したことないじゃないか」と思っているかもしれません。

でも、お願いしているほうは、「その仕事だけしているんじゃないんだけど。その日にもらえないと、あとの仕事ができなくなるんだけど！」とイライラしているかもしれません。

でもその情報も、伝えなければわかりません。今、お互いの環境を想像する力が落ちているからこそ、情報をしっかり伝えていかなければならないのです。

ちゃんと意図が伝わり、安心すると圧は弱くなります。

「この人はなぜ圧が強いのか」ということを想像するクセをつけてみてください。これが想像マインドであり、言葉にはしない、その人の背後を考えることです。

繰り返しますが、想像マインドが育てられれば、ありきたりな表現になりますが、〝思いやり〟を持てるようになります。

みんなが思いやりを持てるようになれば、あなたのいるその場所は、安心できる優しい場所、それぞれがのびのびと力を発揮できる場所になるでしょう。

▼お互いの今のメモリを想像できると対処法がわかる

まとめのワーク
ベクトルのワーク

マイナスの方向の検索に使っていたエネルギーを、プラスの方向の検索に使えるように、ベクトルを変えるワークです。182ページで紹介したように、質問を「WHY?」から「HOW?」に変えていきましょう。

① あなたの望むこと、やりたいこと、目標を箇条書きで書き出します。タイマーを使って2分間で行ってください。仕事のことでもプライベートのことでもOKです。

② ①で書いた内容について、できない理由、無理だと思う理由、不安や心配に感じていることなど、マイナスのベクトルに書き出します。箇条書きで2分以内に行いましょう。

③ ②で書いたものを一文ずつ「どのようにすれば○○の問題は解決できる?」という質問形に書き換えます。省略せずに一つずつ「HOW」で質問する文章にするのがコツ。こうすることで、あなたの潜在意識が解決策について自動検索をかけるようになります。

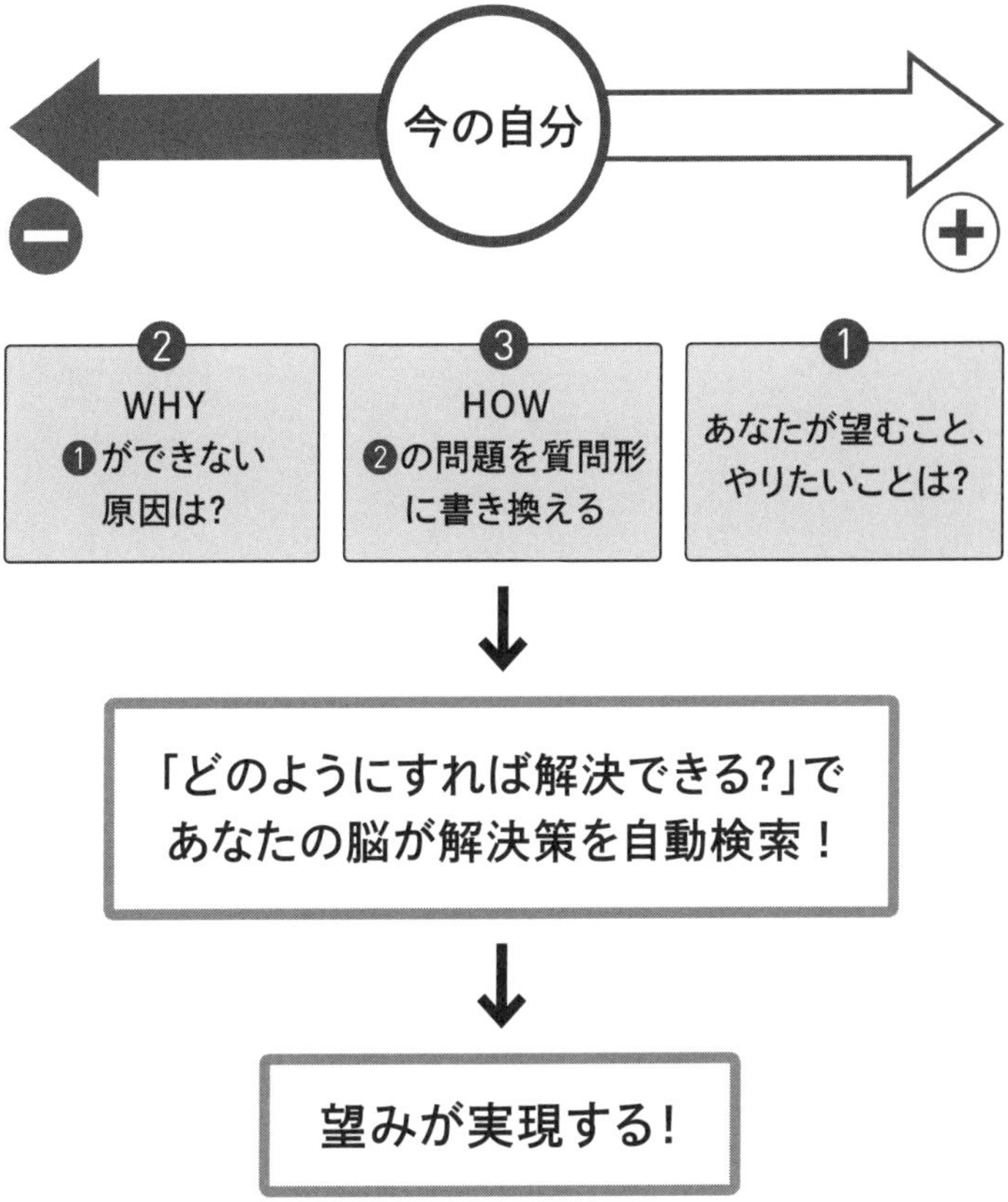
今の自分
−
+
②
WHY
❶ができない
原因は?
③
HOW
❷の問題を質問形
に書き換える
①
あなたが望むこと、
やりたいことは?
「どのようにすれば解決できる?」で
あなたの脳が解決策を自動検索!
望みが実現する!

エピローグ

心の筋トレ「マインドワーク」のすすめ

ここまでご紹介してきたのは、私が日々お伝えしているマインドワーク®のメソッドの中で、とっておきのものをピックアップし、それをさらに深めてご紹介させていただきました。

マインドワークは潜在意識（記憶と習慣のデータバンク）と脳の仕組みを理解することで自身の思い込みの「パターン」に気づき、視点を変えることができる「最小限の労力で最大限の効果が得られる」心理トレーニングでもあります。

心理学は、とても深く役立つ学問で、しかも日常生活に生かせるものです。けれども、なんとなく難しそう、敷居が高そう、知識だけで実践できなさそう……というイメージを持たれる人も多いのではないでしょうか。

本当はビジネスだけでなく、親子でも、友人関係でも、夫婦や恋人同士などのパートナーシップでも、誰でも使えるものばかり。みなさんに知っておいていただきたいものなのに、簡単に日常使いできるものがなかなか開発されてきませんでした。

マインドワークの原点

なぜそれを伝えたいのか……。

私の母は臨床心理士で、現役のカウンセラーです。その影響で、私は幼い頃から心理学に当たり前に触れてきました。テーブルの上に分厚い精神分析学、フロイト、交流分析、といった本があるのが当たり前でした。

当時は今のように個人情報保護法もなく、自宅の電話に、母のクライアントさんたちや、病院から直接電話がかかってくることがよくありました。中学生や高校生だった私が受話器を取ると、私を母と間違えた相手の方から、

「娘がリストカットしました！」

「クライアントが飛び降りました」

などという悲鳴のような声を聞くことがありました。それはそれは衝撃的な経験でした。母は守秘義務を守って私に話すことはありませんでしたが、電話から察する事態に、母がどんなに丁寧に寄り添っていても、このような悲しい出来事が起きてしまうことが本当につらかったです。子どもながらに、「どうしてこんなことが起きてし

まうのだろう」と思っていました。

私は大学生のとき、乳児院でボランティアをしていました。虐待を受けた子や、親がいない子、障がいがある子どもをたくさん見てきました。ここには書けないような現実もたくさんありました。

そこで感じたのは、私たちは子どもの現実を知らなすぎる、もっと救える命もあったはず、この子たちを助けるには専門家が必要だということでした。それも、助けを求めないといけない状態になる前に、壊れてしまう前に、負荷がかかってしんどくなる前に、何を伝えていけるのか。それが「私に何ができるのだろう」と真剣に思いはじめたきっかけだったのかもしれません。

その後、私が妊娠中に実家に里帰りしていたときも、中学生のクライアントさんが自ら命を絶ったという電話がかかってきました。そのとき私はようやく、「自分が子どもを持つこと」を自覚し始めたときでしたから、どんな思いだろうかと、ご家族の心情を想像すると目がくらむようなつらい体験でした。

そこから、こんなふうに命を絶つまで追い込まれることなく、健康なとき、悩みに陥ってしまう前に、最低限の心理の知識を伝えていこう。そんなふうに思いはじめたのです。

子どもたちに残したい「幸せに生きる」ためのメソッド

そんな私が今ではこの心理学を次の世代に伝えていきたいと思うようになりました。

とはいえ、心理学はとても広い学問。「難しい」「わかりにくい」と思われがちで、一部の人にしか喜ばれない心理学を、一から学び、きちんと身につき得られるまで学ぼうとすると膨大な知識量、時間が必要です。

それでは次の世界は変えられない。そこで、それを誰もが使えてわかりやすい形にし、日常で使える心理の知識をピックアップして、みなさんに渡すことが一番だ、と思うようになったのです。そこから臨床心理士さんたちにご協力いただき、カリキュラムを開発していただくことにしたのです。

私には成人した娘が2人います。子どもが小さいときは、困ったときに「お母さーん！」「お父さーん！」と泣きつけば守ってあげることができます。でも、大人になって同じことをやるわけにはいきません。

もちろん、大人になった娘たちが困ったときは、今や私のところに泣きついてはきません。困ったときに一番最初に相談するのはおそらく、友達だったりパートナーだったり、会社の同僚、先輩だったりするでしょう。

彼女たちは心理学のプロになる道は選びませんでした。

だから、社会に出たときに、ストレスとうまくつきあい、心や身体の健康を保つ「こころの仕組み」を、みんなに伝えていかなければならないのではないか、と思ったのです。

これだけは知っておいてほしいという心理の知識が広まり、助け合ってもらえたら、未来は明るくなるはず。

子どもたちが成人して社会に出て、それぞれの役割を生きていくときに、どんな人もどんな立場の人も、どの環境にいても、その人たちが幸せであるように、「社会全体に広めておかないといけないことだけは、私がこの世からいなくなっても残しておきたい！」「一番簡単で、知っておかないと！」と思ったわけです。

これがマインドワーク協会を立ち上げた一番の理由であり、今、こうして原稿を書いている理由でもあります。

正直、代表をやることが〝しんどい〟こともあります。でもなぜやり続けることができるかと言われたら、次の世代にこのメソッドが伝われば、みんなにどんな試練があったとしても乗り越えることができるはず。娘たちのためにも、社会に必ず広めておきたい。この原点があるからです。

マインドワークで人が変わる！　社会が変わる！

従来のセラピーとマインドワークの違いを病気にたとえると、病気になって病院に行って治療をすることと、病気になる前に予防をする予防医学の違いにとてもよく似ています。

たとえば腰痛になった後に湿布を貼ったり、場合によっては手術をしたりします。そうではなく、マインドワークは腰痛にならない体操をするようなもの。日々行うことで腰痛にはならず、万一なっても、悪化することはありません。足腰を鍛えるためにスクワットをするようなものです。

正直、とても地味ですが、少なくともやる、やらないでは後に大きな差になってきます。要は、心の筋トレなのです。日常生活でできる、危険がなくて安心で、でも、やればやるほど確実に効果が上がるもの。それがマインドワークです。

筋トレだから繰り返しやることが必要です。いくらスクワットを1回やって、「すごい！　効きそう」と思っても、それでやめてしまったら効果がありません。

だから心理学は「知っている」だけでは変わらないのです。知っている人はたくさんいますが、実際に使っている人はとても少ないものです。日常生活で使い続けることが重要なのです。

心理学をちょっと知っている方からすれば、「知っていることばかり書いてある」と思われるかもしれません。でも、「知っている」ことと、「実際に使っている」ことはまったく違います。

心理を伝える立場として、私たちも反省を込めて申し上げますが、これまでは〝知っている〟人たちがトレーニングせずに語ってきてしまった面もあります。知っている人ほど「自分はできている」というワナにかかりがちなのです。

この本は、1回読むだけでは効果を感じられません。考え方にはクセがあるので、すぐに忘れてしまい、そして習慣に戻ってしまうからです。

本当は「1回読むだけで効果があります！」と言いたいところですが、繰り返し繰り返し読んで、日常で実践してください。忘れたら何度でも読んでください。

1回目に読んで「そうか！」と思えても、2回目に読んで「そうか！」と納得できるところ、刺さるところが違ってくるかもしれません。そのときのあなたの悩みに応じて、目に入ってくるところも違い、新しい気づきもあるでしょう。

一つずつでもできるところからでも読んで実践していただけたら、人生が変わります。感情に振り回される人生ではなくなります。

あなたのメンタルスキルを上げることで職場や、家庭、さまざまな場面で、感情に振り回されることなく、あなたの人生がしなやかで、軽やかなものになりますよう願ってやみません。

この本を出すにあたり、本当に最後まで頑張ってくださった担当編集のNさん、親身に話を聴いてくださったHさん、出版社の皆様、デザイナーの方、いつも最後まで丁寧に確認してくれるIちゃん、いつも愛情いっぱいに心配りしてくれるK子さん、体に気をつけてほしいI田さん、ほかにもご尽力くださった方々、みんなのチームで作ったものだと思っています。本当に感謝しています。

この本をたくさんの人に読んでもらって、大人になること、人とつながることを楽しみながら生きられる人たちが増えていきますように。

私は、これまでいろんなことをやってきましたが、結局は、一人のただの親なのだと思います。

いつも迷ったときに、自分がこれから先、頼りにならなくなってもたとえいなくなっても、娘たち次世代の子どもたちが、幸せで生きやすい世の中であってほしい。その思いが、いつも私の活動の指針になっています。

そして最後に私の娘たちへ。あなた方がいなかったら、ママはこんなふうに世の中を愛することができなかったかもしれません。

生まれてくれてありがとう。

2024年7月

心から感謝をこめて

濱田恭子

著者紹介

濱田恭子　一般社団法人日本マインドワーク協会代表理事。カウンセリングや心に関わるセミナーのキャリアは20年以上。のべ3万人以上の人の心に寄り添った実績を持つ。2011年に潜在意識×コミュニケーションの知識×心理ワークで視点を変えて問題解決できるマインドのトレーニングメソッド「マインドワーク®」を臨床心理士監修で開発。人材育成・ストレスケア・行動変容・目標達成・習慣定着の仕組み化などに効果を上げる講座は大人気で、これまで3万人以上が受講し、企業や自治体の研修実績も多数。

一般社団法人日本マインドワーク協会
https://mindworkof-j.com/

仕事《しごと》がうまくいく人《ひと》は「人《ひと》と会《あ》う前《まえ》」に
何《なに》を考《かんが》えているのか

2024年7月30日　第1刷

著　　者　濱《はま》 田《だ》 恭《きょう》 子《こ》

発行者　小澤源太郎

責任編集　株式会社 プライム涌光
電話　編集部　03(3203)2850

発行所　株式会社 青春出版社
東京都新宿区若松町12番1号 〒162-0056
振替番号　00190-7-98602
電話　営業部　03(3207)1916

印刷　三松堂　　製本　フォーネット社

万一、落丁、乱丁がありました節は、お取りかえします。

ISBN978-4-413-23369-9 C0030